Yama e Niyama

Etica Yogica per una Mente Equilibrata

Yama e Niyama

Avt. Ananda Tapasiddha Ac.

Per tutti coloro che non smettono di credere che valga la pena continuare a fare degli sforzi per diventare persone migliori, e che credono che questo sia una caratteristica essenziale dell'essere umano.

INDICE

1 Introduzione 1

YAMA

2 Ahim'sá 17

3 Satya 30

4 Asteya 44

5 Brahmacarya 49

6 Aparigraha 61

NIYAMA

7 Shaoca 73

8 Santos'a 85

9 Tapah 92

10 Svádhyáya 101

11 Iishvara Pran'idhána 112

12 Note 124

13 Bibliografia 157

INTRODUZIONE

Per comprendere un'idea è sempre necessario cogliere non solo la sua apparenza ma anche il suo spirito interiore. Con questo in mente, si può concettualizzare correttamente ogni dato argomento e, per fare ciò, bisogna conoscere il contesto in cui l'argomento si trova. Vale lo stesso quando si cerca di capire lo scopo e il significato delle linee guida di comportamento chiamate Yama e Niyama. In effetti, uno dei punti di Niyama, "Svadhyaya", suggerisce esattamente questo: si deve leggere con la giusta intuizione, dando importanza non solo a ciò che viene letteralmente detto, ma scorgendo ciò che è implicito, cioè l'essenza delle parole. Questo piccolo libro è un tentativo di spiegare in tal modo gli insegnamenti di Yama e Niyama, stimolando un processo di riflessione che può servire ad entrare più nel profondo nella nostra vita sul piano etico, emotivo e spirituale sia a livello individuale che collettivo.

Yama e Niyama sono fondamentalmente un insieme di dieci linee guida etiche divise equamente in in due parti: i principi di Yama e i principi di Niyama. I cinque punti di Yama sono stati ideati per stabilire una relazione equilibrata tra il mondo interiore e quello esterno, tra il soggettivo e l'oggettivo, e si distinguono dai principi di Niyama in quanto non possono essere messi in pratica senza la presenza di un oggetto esterno su cui agire. I punti di Niyama invece riguardano le attitudini interne che possono essere coltivate senza che sia necessaria la presenza di una seconda entità.[1] Originari del subcontinente Indiano, i principi di Yama e Niyama sono ben noti per essere stati inclusi negli *"Yoga Sutra"* di Patanjali, ma così come molte altre idee in essi contenute, non hanno avuto origine da questi. In numerosi testi antichi è possibile ritrovare versioni simili, ma anche in qualche modo diverse, di questi principi etici. Sicuramente erano tramandati oralmente, come era uso praticamente in tutte le tradizioni spirituali indiane, sia prima, sia dopo la trascrizione.[2] Le spiegazioni fornite in questo il libro si basano sugli insegnamenti di Shrii Shrii Anandamurti, il fondatore nel ventesimo secolo dell'organizzazione socio-spirituale "Ananda Marga".[3] I suoi pensieri originali si possono trovare nel libro *"Guida alla condotta umana"*.

Anandamurti afferma nelle prime righe del suo libro che la moralità non è in sé l'obiettivo finale della vita e che Yama e Niyama sono principi progettati con un obiettivo al di là di se stessi, basati appunto su un profondo riconoscimento sottostante dello scopo e del valore della vita dell'essere umano.[4] Non si basano sulla paura, sul desiderio di un guadagno personale nel presente o nel futuro o sulla sicurezza di sé che deriva dall'agire in modo corretto. Sono, in sostanza, un riconoscimento della speciale capacità umana di autoriflessione e del desiderio di convertire la separazione in unità, o l'impermanenza dell'individualità nell'infinito e nel trascendente. Questa è la base del Tantra Yoga proposto da Anandamurti: esiste una coscienza universale riflessa all'interno di ogni essere umano, anzi all'interno dell'intera creazione, e a dare pace e felicità nella vita è proprio il processo di avere esperienza di questa coscienza a livelli sempre più profondi. Parallelamente a questo ci trasformiamo in persone migliori grazie allo sviluppo dell'empatia e del senso di responsabilità sociale che sorge attraverso l'esperienza (e non solo la teoria) dell'interconnessione.[5] Yama e Niyama sono la base su cui questo sviluppo può avvenire. Sono, in un certo senso, una formulazione etica ispirata dal nostro senso di potenziale spirituale[6], una risposta pratica al riconoscimento che:

> L'impulso di colmare la separazione tra il piccolo sé e lo Spirito ha enormi conseguenze su tutti i livelli e gli aspetti dell'esistenza umana. Questo impulso è una caratteristica fondamentale per descrivere l'umanità, cosi come la gravità lo è per descrivere l'universo fisico. [7]

Per colmare questa separazione, e anche per sviluppare una chiara consapevolezza di questo impulso che vive dentro di noi e di come influenza le nostre vite (il più delle volte inconsciamente), è necessaria una certa calma mentale. I principi di Yama e Niyama sono una spiegazione codificata delle osservazioni su come funziona la mente e sugli atteggiamenti e comportamenti che possono fornire all'individuo l'equilibrio mentale necessario per realizzare l'ispirazione dell'infinito all'interno di se stesso e nella vita quotidiana. Per questo motivo sono considerati il fondamento di qualsiasi pratica di meditazione[8], senza i quali provare a concentrarsi sarà come accendere il fuoco utilizzando legna bagnata: il risultato sarà molto fumo, poco calore e crescente frustrazione. Questa idea diventerà sempre più chiara man mano si procede nel libro.

Accanto al riconoscimento della ricerca umana del trascendente, Yama e Niyama incorporano ugualmente una dose di relativismo, senza dimenticare che ogni situazione della vita è unica. Bisogna applicare una dose di discernimento in ogni caso, e non in misura minore - ma addirittura forse maggiore - rispetto a chi viva senza un particolare codice etico. Yama e Niyama non forniscono i dettagli su come ci si deve comportare in ogni determinata situazione, spetta piuttosto all'individuo l'onere di riflettere, assumersi la propria responsabilità e quindi decidere l'approccio migliore da adottare.[9] Ciò che Yama e Niyama fanno è creare la prospettiva, la sensibilità e il "disegno" psichico attraverso il quale si è in grado di prendere decisioni pienamente consapevoli delle proprie intenzioni consce e subconsce. Questo atto di assumersi la responsabilità del proprio subconscio fa parte di ciò che fa funzionare Yama e Niyama, come vedrai leggendo ad esempio la sezione su "Satya", che spiega le interazioni tra la mente conscia e subconscia e come queste interazioni, se guidate correttamente, sviluppino forza di volontà e coraggio. Questa forza psichica è a sua volta la fonte dell'equilibrio mentale ed emotivo.

Prima di proseguire, vale la pena familiarizzare con due principi essenziali della filosofia del Tantra-Yoga di Anandamurti, che sono importanti di per sé, anche perché sono distinti rispetto ad alcune altre scuole di pensiero yogiche.

Primo: questo mondo non è un'illusione! A differenza di Saunkaracarya, che sosteneva: "Brahma

Satyam Jagat Mithya" - "Questo mondo è un'illusione e solo Brahma (coscienza infinita) è verità", e altrettanto diversamente dalla filosofia Carvaka che afferma che solo la materia è verità e che l'astratto non esiste[10], Anandamurti proponeva: "Brahma Satyam Jagadapi Satyam Ápeksíkam"-" Brahma è la verità assoluta. Anche questo universo è vero, ma relativo."[11]   La divinità deve essere scoperta attraverso e all'interno di questo mondo e non solo al di là di esso. Ciò che è richiesto non è di negare il mondo, ma di trasformare l'esperienza che ognuno ha del mondo. L'esistenza dell'universo non è un'illusione, né deve essere vista negativamente, come una distrazione da respingere il più possibile.

Negare il valore del mondo creato è di per sé un rifiuto della necessità di qualsiasi tipo di condotta morale, così come l'edonismo, ad esempio, non ha bisogno di etica. È anche un atto di ipocrisia e insensibilità che ha il potenziale di produrre un'interpretazione molto contorta della spiritualità, le cui contraddizioni dovrebbero essere evidenti.[12] Yama e Niyama, già solo per il semplice fatto di esistere, proclamano forte e chiaro: "Questo mondo è reale! È in continua evoluzione, ma esiste! L'infinito è lì nascosto come essenza di tutte le espressioni colorate della vita, basta sapere dove e come guardare".

Il secondo punto importante della filosofia di Anandamurti, che si collega direttamente a Yama e Niyama, è il concetto di attrito come forza positiva ed essenziale per la crescita. Gli ostacoli, spiega, sono "la forza che aiuta a raggiungere l'obiettivo" e la pace si trova a livelli sempre più elevati attraverso sforzi e lotte interne ed esterne.[13] La pace della mente, secondo questo modo di vedere, non è uno stato anestetizzato di calma nella quale si evita l'elaborazione di esperienze di vita difficili e trasformative, né una fuga dalle responsabilità della vita quotidiana. Al contrario, si è persino incoraggiati a fare uno sforzo per mettersi in situazioni difficili al fine di affrontare le proprie paure, contraddizioni e complessi mentali.[14] In questo contesto, qual è il significato di "equilibrio mentale"? È lo stato in cui si ha la forza e la compostezza mentale per mantenere una percezione equilibrata e imparziale anche quando si è circondati da forze che disturbano questo equilibrio. Questa capacità deriva dalla propria integrità di intenti, che a sua volta deriva dalla consapevolezza dei propri schemi di pensiero inconsci e dal lavorare coscientemente per integrare in questi schemi un senso di universalismo, di interconnessione e quindi di empatia con l'intero mondo creato.

Cosi come un mulino macina il grano e lo trasforma in farina, lo sforzo di autoriflessione richiesto da Yama e Niyama, unito alla concretizzazione dei risultati che ne derivano, determina una sorta di attrito mentale che affina le percezioni e lo stato emotivo di una persona. Ogni volta che si fa questo sforzo, la mente acquista forza e quindi equilibrio, e ciò che inizia come uno sforzo cosciente viene gradualmente integrato nella mente subconscia per diventare uno stato naturale dell'essere:

Non si può dire che lo scopo ultimo della vita umana sia quello di non commettere un furto; ciò che è desiderabile è che la tendenza a commettere un furto sia eliminata. Non indulgere nella menzogna non è lo scopo della vita; ciò che è importante è che la tendenza a dire bugie possa essere dissipata dalla mente di ognuno. Il sádhaka (praticante spirituale) inizia le pratiche spirituali con i principi della moralità, di non indulgere in furti o falsità. Lo scopo di tale moralità è uno stato tale di unità con Brahma (coscienza infinita) in cui non rimane alcun desiderio di furto; e tutte le tendenze alla menzogna scompaiono.[15]

In questo senso, Yama e Niyama servono anche come collegamento tra il relativo e l'assoluto, nonché come punto tangenziale su cui "fatto" (informazioni derivate dal mondo oggettivo) e "significato" hanno la possibilità di incontrarsi cordialmente:

> Un resoconto completo dell'etica richiede di accettare che siano entrambi *costruiti* dall'umanità e *prima* dell'umanità ... hanno origini sia *relative* che *assolute*. Dal lato relativo, l'etica è costruita socialmente per aiutarci a sopravvivere in un universo contrario: aiuta la realizzabilità dei sistemi autonomi. Dal lato assoluto, l'etica è ispirata dal nostro "senso" del potenziale spirituale che si manifesta per primo ... nella mente archetipica. È il livello della mente in cui archetipi come la virtù, la bellezza, la verità, la giustizia e l'amore si differenziano per la prima volta dallo Spirito e danno così diversi tipi di significato alle nostre vite.[16]

Gli esseri umani hanno la tendenza a cercare l'assoluto in credenze incoronate come verità "definitive"; in sistemi perfetti; o, ugualmente, nel riduzionismo materialista. Il problema si pone non perché sia sbagliato il desiderio di ricerca del trascendente, ma perché guardiamo nei posti sbagliati e proviamo a convertire la relatività nell'assoluto che tanto desideriamo (sia esso pace assoluta, certezza, ecc.). Ciò è paradossale, poiché, così facendo, i nostri processi mentali e la nostra visione del mondo vengono cristallizzati in dogmi e la creatività umana viene soffocata dal momento che la nostra inconscia e incompresa "sete di infinito"[17] viene convertita nel suo opposto.

In letteratura non mancano romanzi distopici che dimostrano vividamente questo punto, ossia che la felicità umana non si trova in una stabilità e in certezze imposte dall'esterno[18], né nel fatto che i nostri dilemmi morali ed emotivi siano risolti artificialmente e senza sforzo e neppure attraverso la semplificazione della vita attraverso l'offerta continua di piaceri indulgenti.[19]

L'ispirazione nella vita deriva dal dinamismo prodotto dall'attrito di forze opposte e dalla crescita che nasce dalla conversione dell'ignoto nel noto. Possiamo imparare ad apprezzare questo punto e goderci il processo che sta alla base grazie al sentimento d'amore per qualcosa di più grande di sé che si realizza dentro la propria coscienza attraverso il processo di crescita.[20]

Il biologo Humberto Maturana, descrivendo come le interazioni dell'amore incidano sull'evoluzione dell'umanità, definisce l'amore come "la sfera di quei comportamenti relazionali attraverso cui quello che prima era 'l'altro' si legittima in coesistenza con sé stessi"[21] e spiega come sia l'amore ad aprire la possibilità della liberazione dell'intelligenza creando uno spazio di cooperazione, fiducia reciproca e rapporti non distorti:

L'amore è visionario, non cieco, perché libera l'intelligenza ed espande la convivenza nella cooperazione, dal momento che espande il dominio in cui opera il nostro sistema nervoso. L'amore amplia il dominio in cui il nostro sistema nervoso opera l'astrazione delle logiche dal nostro vivere.[22]

L'amore può avere molte espressioni legate al contesto, ma la sua essenza è la stessa, e l'amore spirituale è "l'esperienza spontanea dell'espansione dell'amore" in cui "c'è un'apertura alla totale accettazione del cosmo in unità con se stessi".[23]

Cosa fanno Yama e Niyama per noi, in conclusione? Creano uno stato mentale equilibrato, possibile grazie alla forza acquisita dalla chiarezza degli intenti, che ci consente di avere empatia al di là di noi stessi - sia verso coloro che ci sono noti, sia verso gli sconosciuti - amandoli come espressioni di ciò che è universale dentro tutti noi. Quindi ogni aspetto della creazione è legittimo e non ha bisogno di giustificare il suo valore esistenziale, ma deve essere trattato secondo il nostro miglior giudizio in ogni determinato contesto. Yama e Niyama sono la base grazie alla quale diventiamo in grado di espandere il nostro amore dall'individuo all'infinito, attraverso la meditazione come pratica spirituale e in tutti gli sforzi della vita quotidiana. Questa, nella mia umile comprensione ed esperienza, è la motivazione alla base della loro struttura.

YAMA

<u>AHIMSA</u>

Ahim'sá significa, nel senso più semplice, "non infliggere danno agli altri attraverso il pensiero, la parola o l'azione".[1] Per 'pensiero', qui si intende agire mentalmente, cioè nel regno delle intenzioni, attraverso la pianificazione o il desiderio di fare del male, sia che questo si realizzi o meno. 'Altri' si riferisce non solo agli esseri umani ma a tutti gli esseri viventi, e in questa linea di pensiero naturalmente è incluso tutto il creato nel suo insieme, essendo costituito da un insieme di entità viventi e dall'ambiente necessario per sostenerle.[2]

Per comprendere correttamente questa definizione, è innanzitutto necessario definire "him'sá" (danno), ed è anche utile notare l'importanza della correlazione tra "pensiero, parola e azione". I principi di Yama sono atteggiamenti mentali tanto quanto realizzazioni pratiche di quegli atteggiamenti, e quindi iniziano sempre nel regno dell'idea e richiedono una congruenza della personalità interiore ed esteriore per raggiungere il loro significato ed effetto. "Him'sá" si riferisce a qualsiasi atto che arresti l'ulteriore sviluppo di una persona. Questo si può intendere nel senso di sopravvivenza fisica, progresso mentale o emotivo, oppure può essere correlato a sentimenti spirituali più sottili e interiori. Sebbene a volte sia stato definito come tale, "Him'sá" non significa "violenza" o "applicazione della forza", poiché si usa fare una distinzione tra i concetti di violenza e danno.

"Ahim'sá", pertanto, non dovrebbe essere definito come "non violenza" o pacifismo. La vita di per sé richiede l'applicazione della forza. Questa "forza" non è inevitabilmente distruttiva, ma può anche essere motore di trasformazione.[3] In una lotta tra forze opposte, la forza neutra non è necessariamente la forza del bene, ma molto probabilmente quella dell'evasione. Difendere se stessi o qualcun altro quando viene attaccato è coraggio, e non farlo codardia. Questa è una questione che non riguarda tanto l'intenzione di nuocere, quanto piuttosto il coraggio nell'autodifesa, nonché l'altruismo, nel caso si protegga qualcuno di diverso da se stessi.

La "non violenza" come slogan può servire come un utile strumento politico, ma anche in questo caso non implica automaticamente una superiorità morale che pone i suoi seguaci su un piedistallo al di sopra delle critiche. Tutto dipende, come sempre, dal contesto e non esiste un'equazione universale in grado di dedurre automaticamente e in tutte le situazioni cosa sia giusto per qualsiasi gruppo o individuo. La violenza a volte può essere giustificata per prevenire ulteriori danni, anche se ovviamente non è qualcosa di desiderato, e anche l'applicazione della forza, ad esempio come pressione dettata dalle circostanze, ha la sua ragione d'essere.[4]

Inoltre, Ahim'sá non dovrebbe essere interpretata in modo tale da rendere impossibile la vita. Non è il rifiuto di uccidere le zanzare o il non praticare l'agricoltura per paura di uccidere i parassiti, o una negazione (e quindi violenza) nei confronti del proprio corpo al fine di soddisfare tali ideali.[5] Il suo scopo non è quello di produrre una "pietà che diventa un'astrazione irreale" e (paradossalmente) "affievolisce il senso morale dell'individuo".[6] Come tutti i principi di Yama e Niyama, Ahim'sá deve essere compreso secondo il suo spirito intrinseco e il suo scopo, che è essenzialmente quello di coltivare la sensibilità e l'empatia verso gli altri e tutte le forme di vita. Ahim'sá non è un decreto ingiuntivo al quale conformarsi per evitare il "cattivo karma"[7], o per paura di sofferenze future. Non dovrebbe essere seguito con questi incentivi, ma piuttosto per il valore innato che porta di per sé. È importante notare che se ci si trattiene dal danneggiare gli altri esclusivamente per timore delle possibili reazioni negative, questo significa poco a livello psicologico e spirituale, sebbene ciò possa forse avere un valore sociale fintanto che rimane il controllo della paura (e, anche in tale eventualità, questa difficilmente risulta la base migliore su cui costruire la società). In un certo senso questo approccio è forse anche peggiore, in quanto produce una sorta di ipocrisia nella personalità che può determinare un altro problema da risolvere a lungo termine. Ahim'sá non è un rituale da applicare meccanicamente. Si basa su qualcosa di molto più profondo di questo, su una base paradigmatica di ciò che significa essere umani.

Che cosa significa, in sostanza, non voler danneggiare l' altro, né ostacolarne il progresso a qualsiasi livello? È riconoscere che qualcosa di noi stessi è nell'altro: che noi come individui abbiamo il desiderio di vivere e crescere, di sviluppare le nostre capacità e potenzialità innate, che questo stesso desiderio esiste negli altri e che la possibilità del mio evolversi risiede nell'espansione della mia empatia e nella capacità di sentire questo desiderio intrinseco degli altri valido tanto quanto il mio e persino come parte di me stesso. Significa riconoscere che, in un certo senso, uno "diventa tanto più vero quanto più si realizza nell'altro".[8]

Ahim'sá è un riconoscimento del valore esistenziale della vita e non solo della sua utilità. È coltivare la sensibilità umana più sottile e non l'insensibilità e il cinismo utilitaristici secondo cui "chi non ha l'amore dentro di sé, apprezza i doni di chi lo ama solo in base alla loro utilità".[9] Espresso in un altro modo:

> "Una cosa che potresti chiederti è se credi che ogni individuo sia divino. Forse potresti dire di no, ma certamente ti comporterai come se lo fosse".[10]

Anche quando questo sentimento è inconscio, o anche nel negare qualsiasi concetto di "divinità", generalmente mettiamo in atto questo innato riconoscimento, anche se a volte a singhiozzo e in modo molto imperfetto. Se non lo facessimo, non ci sarebbe civiltà di cui parlare. Il fatto che la nostra civiltà sia imperfetta è un riflesso del fatto che mettiamo in atto questo riconoscimento attraverso le nostre imperfezioni, e continuiamo a cercare di farlo, il che è diverso dal dire che non lo mettiamo in atto del tutto. Quando non lo facciamo, ciò si riflette su di noi come individui attraverso disturbi psicologici ed emotivi o, se ci abituiamo, questo si manifesta in un degrado della nostra sensibilità e percezione, limitando quindi la nostra intelligenza e possibilità di crescita. A livello collettivo, quando neghiamo il valore degli altri, o vediamo solo il loro valore produttivo, o ergiamo il valore di alcuni sopra tutti gli altri (la versione collettiva di 'se stessi' al di sopra di tutti gli altri), il risultato è tirannia e crudeltà su una scala di massa, di cui la storia è stata testimone innumerevoli volte.

Nel classico di Dostoevskij, "Delitto e castigo", il protagonista, Raskolnikov, viene utilizzato come una sorta di rappresentazione simbolica di questa idea: intellettualmente aveva creato ogni tipo di giustificazione per il suo crimine di omicidio, a livello emotivo non provava pentimento, eppure, nonostante tutto, lo spirito criminale non riuscì mettere radici nella sua natura. Le sue azioni si riflettono su di lui a livello psicologico, facendolo diventare pazzo. La vita lo disgustava e tutti i tentativi di gentilezza da parte degli altri causavano in lui una specie di repulsione. Ha cercato di redimersi pur rifiutandone l'idea stessa, addirittura rifiutandosi di sentirsi in colpa.[11]

Questo è ciò che si intende quando si diceva che Ahim'sá poggia su una "base paradigmatica di ciò che significa essere umani". È qualcosa che non possiamo rimuovere da noi stessi, nemmeno mettendo in atto il suo evidente contrario. Nella terminologia del Tantra Yoga questo si può spiegare dicendo che c'è una coscienza universale riflessa all'interno di ogni essere umano e che la nostra natura innata ci porta a cercare l'espansione e a trasformarci in quella coscienza incondizionata che è l'essenza permanente del sé. Questo non deve essere fatto negando il mondo, ma abbracciando sempre di più la creazione come parte di se stessi, in modo che alla fine "l'altro" sia percepito con un senso di unità con tutti.[12] Cerchiamo espansione, armonia e soffriamo per la separazione e la divisione, e se agiamo negando questo fatto negli altri, stiamo negando qualcosa di fondamentale nella nostra stessa umanità. Il valore che rifiutiamo di dare all'altro si esprime come incapacità di sperimentare lo stesso valore in noi stessi.

Ahim'sá implica una pratica costante di consapevolezza dei nostri atteggiamenti e sentimenti verso gli altri, il che aiuta a creare uno stato mentale indisturbato ricettivo alla pratica della meditazione, e la meditazione a sua volta crea la percezione necessaria per implementare Ahim'sá. La meditazione lavora sulla mente subconscia e affinché questo avvenga, la mente conscia[13], piena di pensieri in continuo cambiamento, esperienze sensoriali, ecc, deve essere portata ad uno stato di calma. Le interazioni tra il subconscio e la mente conscia saranno spiegate più dettagliatamente nella sezione riguardante "Satya". In parole povere, le azioni che vanno contro il principio di Ahim'sá causano un'irrequietezza mentale che rende impossibile la concentrazione. Tali azioni limitano le proprie esperienze e percezioni invece di espanderle e sono quindi in contrasto con lo scopo stesso della pratica spirituale. Questo vale sia per le azioni e le parole fisiche sia per i pensieri e i desideri. Nella fase iniziale, tali desideri esisteranno e dovrebbero essere trasmutati mentalmente in modo che non si traducano in azione. Nella fase finale, cesseranno del tutto di sorgere nella mente. Ciò si ottiene attraverso un processo di canalizzazione della mente noto come "Brahmacarya", il quarto punto dei principi di Yama.

Per essere adeguatamente implementato, Ahim'sá richiede una riflessione profonda su cosa significhi essere umani e sul significato di "aiutare" e "danneggiare" nel contesto di questa riflessione. I rimproveri di una madre nei confronti del figlio, fatti con amore e spirito di correzione, portano a un effetto benevolo, mentre lodi non sincere date al momento sbagliato, forse per lenire una situazione spiacevole a breve termine, possono contribuire a produrre una distorsione nella mente e portare allo sviluppo di una personalità narcisistica. Ciò che sia o non sia Ahim'sá dipende dal contesto e la riflessione che richiede ha l'ulteriore vantaggio di spingere l'individuo a rivedere continuamente il significato della propria umanità e diventare più responsabile come persona in questo processo.

Il "danno" può comportare qualcosa di così ovvio come causare un danno fisico a seguito di abusi e violenze; può essere vedere qualcuno che soffre, come una persona sconosciuta, e rifiutarsi di aiutarlo per non voler complicare la propria vita personale; o forse un atto fatto indirettamente, pianificato da una persona ma compiuto da un'altra; si può causare un danno evitando di fare qualcosa, come trascurare i genitori anziani, lasciarli senza compagnia, farli sentire abbandonati nelle fasi finali della vita; il danno può essere perpetuato in relazioni non sincere, giocando con le emozioni dell'altro, solo per soddisfazione personale, facendo nascere un ciclo di sfiducia; il danno può essere deridere la sincerità di qualcuno o incoraggiare la sua perversione. L'elenco delle possibilità è infinito. Forse una delle prime e più semplici cose di cui essere consapevoli in questo contesto è quanto siamo influenzati dall'egoismo. Se ci sono egoismo e narcisismo, è facile essere costretti a fare del male.

Più che un danno fisico, le afflizioni più profonde che possiamo causare agli altri sono a livello emotivo:

manipolazioni che disturbano e confondono la capacità di dare e ricevere amore, o che portano la mente ad essere cinica e pessimista. Tali atti possono essere duraturi e difficili da eliminare. Danneggiano interrompendo il flusso naturale e lo sviluppo della personalità, oltre a danneggiare la possibilità di una persona di esprimere comodamente tutto il suo potenziale di essere umano, fisicamente, mentalmente e spiritualmente. Spesso creano un circolo vizioso che perdura. Il danno è prima di tutto evidente su chi lo riceve, ma come un boomerang ricade sull'autore, che sul sottile piano psicologico sta distorcendo il proprio benessere emotivo. Ahim'sá considera entrambi: l'effetto sull'altro e l'effetto sulla propria mente. Chi siamo è il risultato della continua interazione di noi stessi con il mondo, un insieme delle nostre azioni e intenzioni verso l'altro. In sostanza, non esiste nulla che possa essere considerato totalmente separato dal nostro sé.

Da un altro punto di vista, poiché attraverso la pratica di Ahim'sá e della meditazione si espande il senso di empatia, si arriva anche ad includere forme di vita non umane. Sebbene sia impossibile vivere senza causare alcuna distruzione della vita, si dovrebbe evitare il più possibile di privare altre creature della loro vita. C'è una differenza tra il sopprimere una vita animale per poter sopravvivere e il farlo invece per abitudine o usanza, solo per ricavare una soddisfazione mentale, quando usare l'animale come cibo non è realmente necessario. Ahim'sá, come parte di una pratica spirituale, al fine di sviluppare la sensibilità verso il valore della vita e la consapevolezza che anche gli animali soffrono e desiderano preservare la loro esistenza, raccomanda una dieta vegetariana. Oltre l'aspetto morale, questo ha anche altri benefici fisici e mentali che aiutano nella meditazione.[14] In questo modo, il desiderio di vivere e svilupparsi che risiede all'interno di ogni creatura è incorporato nel nostro senso di sé. È su questa espansione della compassione che Ahim'sá essenzialmente si basa.

__SATYA__

'Satya' è una parola senza un preciso sinonimo italiano, ma può essere definita come "espressione guidata dallo spirito di benevolenza verso gli altri", o "l'uso della propria mente e delle proprie parole con lo spirito interiore di dare benessere".[1] Non significa tanto "verità di per sé, come viene spesso definito, dato che la parola per esprimere la "verità", nel senso di "esporre i fatti" esattamente come sono o come si percepiscono, è piuttosto "rta", che ha implicazioni in qualche modo diverse.[2] Satya potrebbe essere descritto come una combinazione dello spirito interiore di onestà, sincerità e integrità applicati al linguaggio: parole usate coscienziosamente e con intento benevolo.

Quando Satya e Rta, la benevolenza e la "enunciazione dei fatti" sono in accordo, allora entrambi possono essere seguiti. Tuttavia, questo non è sempre possibile ed è necessario il discernimento. Quando c'è un conflitto tra i due e là dove Rta può causare danni, lo spirito di benevolenza ha la priorità.

Ciò che è un dato di fatto, ciò che è realmente accaduto, lo chiamiamo Rta... Quando Rta porta al danno, o quando porta con sé la possibilità di falsità, in quel caso le persone migliorano Rta e lo rendono uno strumento adatto per promuovere il benessere. Rta quando porta al benessere viene chiamato Satya.[3]

Semplici esempi di situazioni in cui Satya e Rtá sono in conflitto potrebbero essere: se nascondi in casa qualcuno per proteggerlo dagli aggressori, dicendo la "verità" riguardo alla sua presenza nella tua casa gli causeresti un danno; o nel caso in cui si debba rivelare la notizia della morte tragica e inaspettata di un parente ad una persona anziana, sarebbe compassionevole preparare la sua mente alla cattiva notizia passo dopo passo invece di dichiarare apertamente i fatti e causargli uno shock a livello mentale.

Satya, come Ahim'sá, non dà sempre risposte già pronte. Riconosce che gli esseri umani possiedono le capacità di razionalità e discernimento e richiede che le sviluppino e le utilizzino.[4] A volte richiede un confronto con la propria coscienza e le proprie motivazioni per avere un senso. Per comprendere l'importanza interiore di Satya come pratica etica e spirituale, è utile capire come mette in atto le interazioni tra le mente conscia, subconscia e inconscia, e la connessione che ciò ha con lo sviluppo della forza di volontà, della fiducia in se stessi, e dell'integrità personale, o ciò che in sanscrito è noto come "rjuta", o "franchezza".

A differenza della psicologia occidentale, che manca ancora di una definizione precisa di cosa sia la "mente", le pratiche di meditazione si basano su una concettualizzazione sistematizzata della mente e delle sue funzioni. Queste osservazioni includono molte descrizioni meticolose e approfondite sulla natura della percezione, della coscienza e delle interazioni tra realtà soggettive e oggettive.[5]

Fondamentalmente, la mente o le funzioni mentali sono divise in vari livelli, ognuno responsabile di un certo tipo di percezione. Questi livelli possono essere definiti strati della mente "consci", "subconsci" e "inconsci". Sebbene esistano parallelismi, i termini sono usati in modo diverso rispetto ad altre scuole di psicologia occidentale. Più accuratamente e per evitare confusione, questi strati possono anche essere descritti come la mente "grezza", "sottile" e "causale", o per rendere la concettualizzazione più facile, come mente "pre-personale", "personale" e " trans-personale". Oltre questi livelli si trova la coscienza pura, incondizionata e immutabile, lo stato che le pratiche di meditazione cercano finalmente di incarnare.[6]

La mente cosciente è quella parte della mente che è sempre intimamente connessa con il mondo oggettivo e materiale e con il corpo fisico. Riceve e assume la forma degli oggetti esterni e delle percezioni sensoriali e si occupa anche di impulsi fisici e istinti. Poiché il mondo esterno è in continua evoluzione, allo stesso modo la mente cosciente è sempre irrequieta. In realtà è in qualche modo il meno "consapevole" o "cosciente" di tutti gli strati della mente. In sanscrito questo strato è chiamato il 'kamamaya kosa', con 'kama' che significa relativo alle tendenze mentali legate al mondo fisico.[7]

La mente subconscia o sottile in sanscrito è conosciuta come 'manomaya kosa'. "Man" significa letteralmente "mente", e comprende nella sua portata capacità come la razionalità, l'astrazione e la simbolizzazione, l'auto-riflessione e la maggior parte del mondo emotivo soggettivo e interiore di un essere umano.[8] Mentre la mente conscia agisce grazie agli impulsi e ai comportamenti automatici senza consapevolezza delle loro origini o motivazioni, nella mente subconscia troviamo la fonte di questi comportamenti e i processi emotivi più profondi. Anche la possibilità di comprenderli, guidarli e trasformarli risiede nel subconscio. La meditazione, e tutti i principi di Yama e Niyama, lavorano sul mondo interiore subconscio e soggettivo, e da lì, creano una trasformazione nelle nostre interazioni e nella nostra esperienza con la realtà oggettiva. Finché non sviluppiamo un rapporto di familiarità con il subconscio, siamo schiavi del funzionamento interiore e dell'irrequietezza della mente e del corpo. Fino ad un certo punto, questo può essere confrontato con la psicologia di Jung sotto l'aspetto dell'integrazione dei processi 'inconsci' nella personalità. Le descrizioni yogiche, tuttavia, sono più specifiche e sistematiche nelle loro definizioni.

Oltre ad essere il "regno" del nostro mondo interiore e quindi del nostro funzionamento come entità emotiva, relazionale e riflessiva, l'importanza del subconscio risiede anche nel suo ruolo di link tra la mente conscia e quella inconscia. Normalmente, la mente conscia è impegnata con interazioni dirette con il mondo fisico, mentre la mente subconscia interagisce con e attraverso la mente conscia. I processi di introspezione, meditazione e i principi di Yama e Niyama aggiungono una nuova dimensione a questa interazione. La "mente inconscia", più correttamente chiamata "mente causale", è di natura trans-personale. Non è unica per ogni individuo, anche se le percezioni acquisite dall'inconscio dipendono in una certa misura dalle tendenze individuali del subconscio. La mente causale è ulteriormente divisa in tre livelli, che sono piuttosto astratti ma possono essere descritti come le menti "intuitiva", "archetipica" e "universale".[9] Allo stesso modo in cui il conscio riceve input dal subconscio, il subconscio è legato al causale o inconscio, e l'inconscio alla pura coscienza, l'essenza immutabile ed eterna del sé. All'interno di questo schema, si comprende anche che l'universo è una creazione formata dalla pura coscienza, come un "processo di pensiero interno" di quella coscienza. Quando la mente individuale, attraverso il suo legame con il subconscio, accede all'inconscio, sta entrando in questa mente "trans-personale", e qui accede ad una fonte - non legata ai sensi - di saggezza e di processi creativi.

La meditazione, aiutata da Yama e Niyama, calma la mente conscia fino ad un punto tale da fondersi con la mente subconscia. Si ottiene così una visione chiara del subconscio. L'inconscio, che normalmente ha un ruolo quasi completamente inattivo nella psiche, inizia ad essere 'illuminato' dalla chiarezza o dalla luce presenti nel subconscio. Questo non significa che il subconscio era un luogo buio, ma solo che fino a quel momento era un luogo sconosciuto. È come se l'inconscio fosse una stanza al piano inferiore collegata al piano superiore da una parete opaca. Finché c'era solo una luce debole ad illuminare il piano inferiore, quello superiore era completamente invisibile. Quando il piano inferiore è sufficientemente illuminato e luminoso, si può vedere e acquisire conoscenza di quello superiore. Quando il subconscio diventa completamente calmo, si fonde nell'inconscio, e così via, sempre più vicino all'anima universale che è l'essenza del sé.

Questo processo determina una modifica nei normali schemi e attività della mente. Invece di esserci solo uno scambio tra il mondo esterno, il conscio e il subconscio, il subconscio inizia a ricevere un altro tipo di ispirazione dall'inconscio attraverso una percezione e una visione espanse. Questo crea un cambiamento nel subconscio, e quindi nella fonte di tutte le nostre espressioni emotive, processi intellettuali, pensieri ed esperienze. Man mano che questi si trasformano, cambiano anche i nostri desideri e le loro realizzazioni, e il corpo fisico, le ghiandole, i processi ormonali che determinano le emozioni e i nervi si adattano di conseguenza.[10] Una visione del mondo definita da separazione, isolamento, egoismo, ecc. si trasforma in una visione definita dall'unità dell'interconnessione, dall'armonia, dall'empatia e dall'intuizione. A livello pratico, ciò si traduce in maggior fiducia in se stessi, coraggio, forza di volontà e altruismo. Crea anche un sentimento di speranza nel senso più profondo del termine.

In che modo questo è collegato alla pratica di Satya? Nella cosmologia orientale, la mente e l'universo sono descritti come uno "spettro di onde" la cui lunghezza d'onda diminuisce passando da livelli più sottili a livelli più grezzi.[11] La materia è costituita da onde più dense e con curvatura maggiore, la mente è sempre più sottile a seconda del livello di consapevolezza, e la coscienza pura non ha vibrazioni, è come una linea perfettamente dritta, al di là di ogni condizionamento e relatività. La meditazione può essere descritta come il processo di "raddrizzamento" delle onde della mente condizionata fino a quando non si fondono con la coscienza incondizionata.[12] Satya facilita questo processo, in quanto rimuove le tortuosità dei processi mentali e le sostituisce con una chiarezza che consente di superare le limitanti strutture emotive e il condizionamento del sé. Satya è il lato applicato della meditazione, l'espressione pratica di questo raddrizzamento delle vibrazioni mentali:

> ... l'ideale della suprema libertà di coscienza ... non è solo intellettuale o emotivo, ha una base etica e deve essere tradotto in azione.[13]

La parola è l'espressione esterna del pensiero e Satya è quindi prima di tutto uno stato d'animo e poi una realizzazione esterna di quello stato. L'ipocrisia descrive l'incongruenza tra i propri pensieri e intenzioni, e le parole o le azioni. Questa incongruenza, o mancanza di onestà interna, specialmente quando diventa abituale e integrata nella personalità, è opposta all'espansione della mente che la meditazione cerca. Disturba la mente e inibisce l'accesso al subconscio. Se non è possibile accedere alla mente subconscia, la meditazione è impossibile.

Per prendere un esempio dalla letteratura popolare, J.R.R. Tolkien in "Il Signore degli Anelli", ha fornito un perfetto archetipo di questa incongruenza e della mancata applicazione del principio di Satya attraverso il personaggio di Saruman. Saruman, nonostante la vasta conoscenza, possedeva alcune contraddizioni nella sua personalità che lo hanno portato alla caduta finale. In particolare, possedeva il "potere della sua voce". Sapeva come usare le parole per manipolare e distorcere i pensieri e le decisioni degli altri, qualcosa di simile ai politici moderni.[14] Lo stesso Tolkien chiarisce che il potere della sua retorica non era un incantesimo magico, ma piuttosto risiedeva nella sua capacità di persuasione:

> La voce di Saruman non era ipnotica ma persuasiva. Chi lo ascoltava non correva il rischio di cadere in trance, ma di essere d'accordo con le sue argomentazioni, mentre era completamente sveglio. Si era pur sempre liberi di rifiutare, con il libero arbitrio e la ragione, sia la sua voce mentre parlava, sia le impressioni successive. Saruman corrompeva il potere della ragione.[15]

Per quanto usasse questo potere sugli altri, ha comunque distorto la sua propria visione interiore e si può concludere che questo lo abbia condotto alla sua manipolazione, portandolo così alla sua fine definitiva e totalmente umiliante. Ciò è in contrasto con il suo contemporaneo, Gandalf, che pur essendo abile nella diplomazia e sempre attento nella scelta delle parole, non perse mai la chiarezza mentale tra le trappole delle false intenzioni. La retorica di ciascuno dei due era un'espressione del funzionamento interno delle loro menti, che ha portato alla caduta dell'uno e al successo dell'altro.[16]

"Rjuta" è una parola sanscrita che può essere tradotta come "chiarezza". Satya crea questo Rjuta, o chiarezza interiore, districando i meandri della mente. Sapendo che non si è fatto nulla di male o non si intende farlo, la mente sviluppa forza, coraggio e autocontrollo mentale.[17] Si diventa sicuri di sé in un modo che non dipende da forze esterne di incoraggiamento. La base più solida della forza di volontà e dell'autostima è la chiarezza e l'autonomia della personalità creata seguendo Satya. È anche vero il contrario: le contraddizioni interne influenzano la volontà e la mente e il sistema nervoso si indeboliscono e si deprimono, allentando la motivazione per affrontare le sfide della vita. La speranza è una tendenza senza la quale gli esseri umani non possono vivere. Non tanto la speranza nel senso di "qualcosa di buono accadrà" o "i miei desideri saranno soddisfatti", ma piuttosto nel senso di possibilità di dispiegarsi, di essere in grado di scoprire e realizzare il proprio potenziale, non solo a livello pratico ma soprattutto interiore: la speranza di scoprire un giorno le profondità del sé e l'essenza della vita. Quando la speranza viene distrutta, la vita non ha significato. Il mantenimento e la realizzazione della speranza risiedono in Satya, come anche ciò che, come già spiegato, ispira la personalità con integrità, fiducia e volontà di superare gli ostacoli usando la forza della benevolenza.

Filosoficamente, la parola "Satya" è anche usata per riferirsi alla coscienza universale, che è stata descritta come "l'essenza di Satya". È proprio lì che non ci sono contraddizioni, nessuna discordanza degli opposti, ma solo il flusso perfettamente diretto della consapevolezza incondizionata.[18] Il lato pratico di Satya ha a che fare con il mondo oggettivo, ma internamente cerca la propria essenza, il Satya della pura coscienza.

ASTEYA

Asteya significa "non prendere possesso di ciò che appartiene ad un altro", né coltivare il desiderio mentale di farlo. È "non rubare", sia nel pensiero che nella pratica.[1]

Le ragioni alla base di questo punto sono molto simili a quelle fornite riguardo alla pratica di Satya: azioni e desideri contrari ad Asteya creano un labirinto di complicazioni mentali e di conseguenza irrequietezza nella mente subconscia. La persona che ruba non può essere trasparente o seguire Satya, poiché deve ricorrere alla disonestà per nascondere il proprio comportamento, e questa disonestà a sua volta produce i suoi risultati psicologici. Inoltre, il desiderio di possedere gli oggetti altrui può facilmente creare ossessioni materiali malsane e produrre schemi negativi di gelosia, risentimento, ecc.

Come Ahim'sá e Satya, anche Asteya inizia nella mente. Non rubare per paura della punizione non è Asteya. Questo crea solo una doppia personalità, priva di Satya e anche di naturalezza. Asteya significa non rubare per principio, e anche non desiderare di farlo. Lo sfondo psicologico delle proprie azioni è ciò che conta di più.

Asteya è diviso in due categorie. La prima è l'effettivo furto fisico di qualsiasi oggetto, e la seconda implica privare indirettamente qualcuno attraverso l'inganno, la manipolazione o la corruzione.[2] Quando uno ruba ad un altro, il fatto non riguarda esclusivamente l'oggetto fisico. Non si sa quanto una persona abbia lavorato per poter avere l'oggetto che è stato rubato, a cosa serviva o l'importanza sentimentale che poteva avere. Chiunque sia stato derubato di qualcosa con un valore personale anche piccolissimo capirà la sensazione di tradimento che si prova.

Anche una mentalità da "Robin Hood" non è compatibile con Asteya. Anche se la proprietà di un altro è stata acquisita in maniera immeritata, o a causa di strutture socio-economiche non giuste, ciò non dà a nessuno il diritto di rubare. Se il problema risiede nei sistemi sociali mal progettati, nella corruzione o nella pianificazione economica errata, allora si deve fare uno sforzo per risolvere la fonte di questi problemi al fine di facilitare una corretta ridistribuzione di ricchezza, salari e opportunità. Questo richiede pensiero, sforzo e lotta. Desiderare e acquisire con disonestà le proprietà di un altro in questo contesto, o "rubare ai ricchi per dare ai poveri", si colloca tra l'essere "una facile via d'uscita" da quelli che sono problemi più profondi e sistemici e la continuazione di un ciclo negativo, o un trucco mentale che giustifica l'opportunismo. Non è psicologicamente benefico per l'individuo, e non è nemmeno indice di una mentalità adeguata su cui tentare di costruire un sistema sociale migliore.[3]

Sebbene in un contesto leggermente diverso, Anandamurti amplifica questo punto in altri testi[4], spiegando che secondo l'essenza della spiritualità, il mondo materiale non è mai veramente di proprietà di nessuno, e si ha solo il diritto di custodirlo e usarlo. È responsabilità della società umana trovare il modo migliore di impiegare e ripartire le risorse del mondo a beneficio di tutti. Gli esseri umani hanno un naturale attaccamento alle loro proprietà e il desiderio di guadagnare in base ai loro sforzi e meriti, che dovrebbero essere sempre riconosciuti. Allo stesso tempo, dovrebbe essere coltivato lo spirito interiore della "proprietà" inteso non tanto come "possedere" qualcosa di per sé, quanto come avere la responsabilità di prendersi cura e utilizzare qualsiasi cosa specifica verso un risultato costruttivo.[5]

Il secondo aspetto di Asteya descrive gli atti di frode: non pagare qualcuno per i servizi forniti; viaggiare con i mezzi pubblici senza biglietto; rivendicare prestazioni alle quali non si ha diritto; o l'uso improprio della proprietà intellettuale. Asteya è in molti modi un'estensione di Satya in relazione all'acquisizione di proprietà e ricchezza. Lo spirito di Asteya, combinato con Satya, può anche essere esteso ad acquisizioni astratte. In questo modo, ad esempio, ottenere influenza, potere o occupazione immeritati, (privandone così un altro) attraverso false qualifiche, il nepotismo o la corruzione va contro non solo Asteya, ma anche Satya e Ahim'sá. Sebbene le implicazioni di Asteya siano in qualche modo più semplici di quelle di Satya e Ahim'sá, anch'esso richiede una riflessione su di sé e un senso di responsabilità riguardo alle conseguenze delle proprie azioni e dei propri desideri.

BRAHMACARYA

Brahmacarya si riferisce all'avere la costante consapevolezza di Brahma (coscienza divina) in tutto ciò che si fa e in tutte le entità e oggetti con cui si ha a che fare. Come già spiegato, la base dello yoga e, dalla specifica prospettiva di questo libro, delle pratiche di meditazione tantrica, è lo sforzo verso un'espansione della coscienza individuale verso uno stato di coscienza incondizionata e universale. Questa coscienza è considerata l'essenza del sé e anche la sostanza essenziale della creazione, e quindi, quando l'individuo sperimenta e si identifica con essa in gradi sempre crescenti, tutto ciò che è apparentemente esterno viene abbracciato come parte della propria esistenza. L'isolamento e. la separazione sono sostituiti da un pervasivo senso di unità. Il "Brahma" del Brahmacarya si riferisce a questa coscienza universale. Brahmacarya è la consapevolezza dell'essenza delle cose e non solo del loro aspetto superficiale, attraverso quest'essenza tutte le azioni e gli oggetti della vita quotidiana trovano il loro posto come parte della ricerca spirituale interiore.

> ... (la sua) dottrina è trascendenza attraverso la partecipazione attiva ... il finito è un simbolo dell'infinito. L'infinito imprime il suo sigillo sulla sua stessa natura piena di tutte le possibili forme dell'infinito.[1]

Questa idea è stata ben espressa da Mark Dyczkowski nel suo confronto tra la visione del mondo del Saivismo del Kashmir (una forma di tantra) e il Vedanta:

> Il metodo Shaiva è un'inclusione sempre più ampia di fenomeni erroneamente ritenuti al di fuori dell'assoluto. Nella filosofia Vedanta, d'altra parte, si cerca di comprendere la natura dell'assoluto escludendo (nisedha) tutto ciò che non è conforme al criterio di assoluto, finché tutto ciò che rimane è il Brahma non qualificato. L'approccio di Shaiva è di affermazione e quello dei Vedanta di negazione.[2]

Brahmacarya è un'espressione del primo metodo, che abbraccia tutte le varie espressioni del mondo come fondamentalmente divine. Ciò si riferisce tanto agli oggetti e alle azioni quanto alle esperienze soggettive connesse e prodotte da essi. In questo contesto, il "Vijinana Bhairava Tantra", fa un'osservazione interessante, spiegando come ogni esperienza intensa, se fatta risalire alla sua fonte essenziale, può essere usata per favorire la consapevolezza spirituale. Durante intense esperienze emotive, la mente diventa totalmente focalizzata e assorbita da ciò che sta accadendo. Tali momenti, gioiosi o dolorosi che siano, sono effimeri. La mente che non afferra la propria essenza, nel caso di esperienze gioiose, desidera la permanenza di qualcosa che per sua natura è limitato e, di conseguenza, rimane irrequieta. Se le esperienze sono estremamente dolorose, si cerca di respingerle, anche senza comprenderne il significato interiore. Se tuttavia si è in grado di trascendere la percezione limitata che i nostri pensieri costruiscono e si osserva l'essenza interiore (ed eterna) di tali esperienze, e allo stesso tempo si è attenti al modo in cui la mente viene assorbita da ogni sentimento, questa comprensione del processo mentale coinvolto può essere utilizzata nella pratica spirituale, e la stessa intensità e processo di assorbimento possono essere applicati all'unica ideazione che è al di là del condizionamento della relatività: "Io sono Brahma", la pervasiva coscienza universale.[3]

Anandamurti fa eco ad un sentimento simile quando afferma che un praticante spirituale non deve annientare le tendenze della mente, ma invece imparare ad usarle a proprio vantaggio.[4] Brahmacarya si pone in questo contesto e approccio alla spiritualità, applicandola a tutte le interazioni e al lavoro della vita quotidiana, dai momenti più banali a quelli più eccezionali.

Prima di spiegare ulteriormente l'applicazione e i benefici di Brahmacarya, vale la pena conoscere alcune interpretazioni errate del termine, che si possono trovare in numerosi testi e commenti. È molto comune trovare Brahmacarya tradotto come "celibato", che a volte viene poi reinterpretato in una varietà di modi diversi per renderlo un po' più appetibile per il moderno studente di yoga.[5] Questa "ridefinizione" è difficilmente necessaria, poiché nell'etimologia di Brahmacarya non si fa menzione della sessualità o del celibato. Sebbene si possa dire che il principio di "Brahmacarya", correttamente definito come la costante consapevolezza di Brahma, possa aiutare a integrare la sessualità nella propria vita in modo equilibrato, o viceversa, che una sessualità correttamente integrata e compresa faciliterà la pratica di Brahmacarya, questa non è la definizione né il focus del termine stesso. Anandamurti arriva al punto di dire che il Brahmacarya definito come celibato fu un'invenzione di una certa classe di persone apparentemente "religiose" in un particolare periodo storico che tentarono di imporre il loro controllo e la loro superiorità sulle masse della società. Definire il termine in questo modo ha imposto un complesso di inferiorità spirituale alla popolazione generale e ha aperto la strada allo sfruttamento:[6]

> Questa peculiare interpretazione del Brahmacarya può contenere qualsiasi cosa tranne il Satya. Quindi non c'è dharma o brahma in esso.[7]

Certamente c'è un posto per la vita celibe per coloro che ne sono inclini. È una scelta adatta a qualcuno che vuole dedicarsi specificamente a qualche lavoro speciale o studio che sarà di beneficio alla società o che ha semplicemente altri interessi. In questo caso il celibato non è il punto focale di per sé ma un mezzo per un certo fine, che è il beneficio della libertà di concentrazione esclusiva nata dall'impegno per una causa, e lo spazio quindi creato per dedicare la propria energia a tale obiettivo.[8] L'impegno di una vita familiare ben pianificata è ideale anche per le pratiche spirituali, fornendo la stimolante sfida del bilanciamento del servizio alla propria famiglia e alla società in generale.[9]

Naturalmente, anche il Brahmacarya nella sua corretta definizione toccherà indirettamente il modo in cui la sessualità è incorporata nella vita individuale e collettiva. Lo stesso vale anche Ahimsa e Satya, dato che sono connessi a quasi tutti gli altri aspetti della psiche. Il fatto che la tendenza predominante di una persona sia quella di vedere il genere opposto come un oggetto di gratificazione sessuale, oppure il fatto che questo sia l'unico pensiero che viene in mente prima di qualsiasi altra qualità che una persona possa avere, ovviamente non è conforme allo spirito del Brahmacarya. Allo stesso modo, la sessualità usata come una forma di manipolazione emotiva o di ricatto, fatto in modo cosciente o meno, non è in accordo con il principio di Satya. Per quanto riguarda Ahim'sá, ci sono le conseguenze psicologiche traumatiche dell'abuso; gli effetti di interessi economici basati su coercizione o perversione; o relazioni irresponsabili che sviluppano visioni ciniche e perdita di fiducia nelle relazioni umane a causa della mancanza di sincerità o di profondità di riflessione. In questo senso, per ottenere lo stato mentale attento, concentrato ed empatico che è necessario per la meditazione si raccomanda di integrare questo aspetto della personalità umana nella vita quotidiana in modo sensibile e in base al contesto e all'individuo, in modo che questo possa portare a qualcosa di costruttivo e non distruttivo: amore, compassione e crescita e non narcisismo. Forse il punto decisivo qui è che, in qualunque modo questo venga fatto, dovrebbe essere una decisione presa con consapevolezza e senso di responsabilità.

Brahmacarya è un atteggiamento interno applicato esternamente. Durante la meditazione, si guida la mente in modo particolare al fine di sperimentare in maniera sempre crescente la consapevolezza incondizionata che è l'essenza di sé: l'idea di "Io sono Brahma". Brahmacarya quindi applica questo al mondo esterno, cioè 'questo mondo è anche Brahma'.[10] La mente, avendo un punto di riferimento costante, è in grado di mantenere una prospettiva ampia ed equilibrata senza essere distratta o dispersa anche mentre si sposta tra compiti quotidiani e necessità materiali.

Dal punto di vista psicologico, questo è un modo sottile ed efficace di incanalare il flusso della mente. La mente, con tutti i suoi sentimenti, speranze e desideri, è come un fiume che, se bloccato, a un certo punto traboccherà. Non può essere controllato solo da restrizioni esterne o ideali che non sono stati adeguatamente interiorizzati e che alla fine si tradurranno in soppressione e reazioni mentali malsane. Allo stesso tempo, un fiume senza le due sponde che lo guidano e apparentemente lo limitano, non può avanzare. Smetterà di essere un fiume e diventerà un bacino stagnante. La "libertà" senza un obiettivo, o in nome dell'ego-centrismo o dell'evasione dalle sfide e dalle domande esistenziali della vita umana, è come dire che abbiamo "libertà infinita di incatenarci", senza renderci conto che "incatenarsi mette fine alla libertà".[11] Nel fiume della mente, non possiamo costruire dighe, ma non possiamo nemmeno rimuovere le sue sponde, che sono solo limitazioni apparenti ma in realtà forniscono alla corrente la sua direzione e il suo dinamismo:

La nostra vita, come un fiume, colpisce le sue sponde non per ritrovarsi chiusa da loro, ma per rendersi conto di nuovo in ogni momento che ha la sua apertura infinita verso il mare.[12]

Il nostro lavoro quindi è quello di costruire le sponde del fiume della mente in modo tale da guidare l'acqua in modo che possa fluire facilmente e liberamente verso un approfondimento di sé e un affinamento della nostra sensibilità umana: trasformare le strutture precise del subconscio in modo che questi cambiamenti diventino un'espressione permanente e spontanea di ciò che siamo veramente, o dobbiamo veramente diventare. O nelle parole del poeta persiano Sohrab Sepehri:

Come un fiume che scorre, cerchiamo di essere ...
... Creiamo costantemente i nostri due confini,
e ogni minuto liberiamoci di questi.
Andiamo, andiamo, sussurrando l'assenza di frontiere.[13]

Brahmacarya funge da principio guida per dirigere il fiume: una costante ricerca di riconoscere il significato più profondo in tutto ciò che facciamo e in tutto ciò che ci circonda. Le nostre responsabilità, sia piacevoli che dolorose, e talvolta lo sono intensamente, diventano parte di questo riconoscimento, e cercando l'essenza di se stesse, superano se stesse; godiamo il mondo materiale non con il desiderio di possederlo, ma per quello che è, per le domande che ci pone e le possibilità che sussurra; l'amore cerca la propria fonte e non amiamo per possedere ma per l'infinito che è nella persona che amiamo, con l'amore come catalizzatore per il suo stesso svolgersi. Possiamo piantare un giardino, pulire una casa, preparare un pasto, con questa stessa idea nelle nostre menti. Il dolore e il piacere non vengono repressi o respinti, ma compresi come parte dell'attrito necessario nel fiume della mente che aiuta a spostare le acque avanti e a prendere il loro giusto posto in riferimento a una visione più profonda della vita.[14] Ricordando il Brahmacarya, ricordiamo anche Ahim'sá, Satya, Asteya e Aparigraha.

Brahmacarya funge da flusso sotterraneo di ispirazione per gli altri Yama e fornisce un tocco dell'eterno in mezzo al mondo della relatività di cui si occupa l'etica. Comincia come una specie di auto-suggestione, un tentativo di consapevolezza, che mentre procediamo sul sentiero spirituale e cresciamo come esseri umani, si trasforma passo dopo passo in uno stato reale dell'essere.

APARIGRAHA

Aparigraha è lo spirito del "vivere semplice", dell'usare le risorse materiali in conformità e in proporzione ai propri veri bisogni e non in eccesso.[1] Mentre Brahmacarya è la consapevolezza del proprio approccio interiore e soggettivo verso il mondo materiale, Aaparigraha si riferisce all'attitudine della moderazione riguardo l'effettivo uso pratico e il possesso degli oggetti materiali. A livello collettivo, si tratta di un riconoscimento del fatto che le risorse materiali sono limitate e che l'uso sfrenato o la distribuzione irrazionale di queste risorse da parte degli individui o di qualsiasi gruppo sociale o paese presenta delle ripercussioni etiche e pratiche per il resto della società, oltre che per l'ambiente naturale. A livello psicologico, Aparigraha riconosce che, sebbene gli esseri umani abbiano bisogno di un certo livello di comodità materiale per sviluppare pienamente le proprie capacità e il proprio potenziale e per condividere tali capacità anche con la società, il comfort materiale in sé non è lo scopo della vita, né la fonte ultima di soddisfazione interiore. Al contrario, il tentativo di fornire risposte materiali a domande emotive e spirituali, confondendo così la ricerca di significato e di crescita con un'incessante ricerca del piacere, rappresenta una fonte di irrequietezza mentale a livello individuale e di ingiustizia sociale a livello collettivo.

Aparigraha è la manifestazione esterna di Santos'a, o appagamento mentale, uno dei Niyama che saranno discussi più avanti. È un'espressione dell'equilibrio mentale che deriva dal sapere, razionalmente e consapevolmente, di che cosa e di quanto una persona abbia effettivamente bisogno sul piano materiale, oltre che i limiti della felicità che i possedimenti materiali possono fornire, e che come esseri umani siamo qualcosa di più delle nostre sole esigenze fisiche.

Aparigraha non dovrebbe essere concepito tanto come un rifiuto delle necessità fisiche, ma piuttosto come una ricerca di equilibrio. Qui un paragone adatto si può fare con l'interazione tra la duplice serie di desideri del corpo: da una parte l'impulso di gratificazione fisica egocentrica e dall'altra il desiderio di salute. Questa ricerca di salute è stata descritta come:

'... il desiderio del nostro sistema fisico nella sua interezza, del quale siamo di solito inconsapevoli... non ha interesse a realizzare i desideri corporei immediati, va oltre il tempo presente. È il principio di totalità, collega la nostra vita con il suo passato e il suo futuro e mantiene l'unità delle sue parti. Chi è saggio lo sa, e fa in modo di armonizzare con esso i suoi altri desideri fisici'.[2]

Lo stesso si può applicare al corpo sociale, come un organismo in cui noi come individui siamo le cellule, e in questo contesto, proprio come una persona cerca la salute nell'equilibrio dei desideri e dei bisogni fisici individuali, "chi è saggio cerca di armonizzare i desideri che cercano l'autogratificazione con il desiderio del bene a livello sociale[3]", e, in questo modo, la mente è in grado prima di tutto di conoscere se stessa e i suoi propri schemi di pensiero e processi psicologici attraverso l'autoriflessione e la moderazione, e poi di crescere al di là di questi. Qui si può applicare lo stesso paragone già proposto nella spiegazione di Brahmacarya, ossia la mente come un fiume e i limiti apparentemente dati dagli argini che sono in realtà gli impulsi che permettono al fiume di muoversi. L'altra opzione è la vita umana come una "tragedia" che "consiste in tentativi vani di superare i limiti delle cose che non possono mai divenire illimitate[4]", invece di arrivare a capire la loro vera natura e il loro vero scopo, e l'insoddisfazione che risulta da un tale tentativo.

Aparigraha, come tutti gli Yama-Niyama, si basa sul riconoscimento della relatività delle nostre esperienze vissute, anche quando quella relatività ricerca l'esperienza di un principio universale incondizionato. I bisogni materiali di ogni persona sono diversi, allo stesso modo in cui ciò che ogni fisico richiede come alimentazione dipende dalla massa corporea, dalle attività svolte e dal clima. Questi bisogni dipendono anche dalla concezione che ogni individuo ha della felicità e della comodità. Una persona con una mente intellettuale, che lavora come docente universitario ha bisogno di libri e materiali accademici per completare il proprio lavoro e sentirsi realizzato. Per un altro, queste cose potrebbero apparire totalmente superflue. Uno scultore ha bisogno di spazio e materiali con cui lavorare, a un giardiniere servono terra, strumenti e semi. Tutti hanno bisogno di cibo, alloggio, vestiti e cure mediche, ma nessuno ha bisogno di abiti firmati, o terreni e immobili al di là di un posto in cui vivere, lavorare o coltivare. Lo spirito di fondo di

Aparigraha è che più la soddisfazione interiore diviene profonda, i bisogni materiali diminuiscono naturalmente, e in aggiunta a questo fatto naturale, si dovrebbe compiere uno sforzo cosciente per ridurre questi bisogni con l'aiuto dell'empatia e del desiderio altruistico di offrire ciò di cui non si ha più bisogno o il tempo e l'energia che in precedenza erano consacrati a soddisfare desideri materiali, tutto questo per il bene della società in generale.

C'è un altro termine sanscrito, "vaerágya", che evoca lo stesso spirito. Il significato di vaerágya è stato a volte interpretato come la rinuncia del mondo e il ritiro in una vita di auto-negazione e austerità in nome di un fantomatico beneficio spirituale. Anandamurti ha fatto chiarezza a questo proposito e afferma che "significa solo cercare di capire il giusto uso delle cose e utilizzarle correttamente[5]", o in altre parole, l'atto di percezione equilibrata che impedisce alla mente di essere colpita da un'attrazione o una repulsione eccessiva o irrazionale verso un determinato oggetto:

> Questo giusto uso di una cosa è vaerágya. Il giusto uso di qualsiasi cosa all'interno dell'idea di vaerágya non rende la mente schiava di un costante brama dell'oggetto... senza essere costantemente attratta dalle cose grezze, la mente di una persona diventa sottile...[6]

Vaerágya si raggiunge attraverso l'atto di cosciente discernimento e consapevolezza, conosciuto come viveka:

La stessa cosa può diventare il bene o il male cambiando il suo uso, e il discernimento tra i due è viveka. È solo con il discernimento (viveka) che la mente può determinare la bontà o il male in una cosa o nei suoi usi. Viveka è quindi necessaria per seguire vaerágya...[7]

L'appagamento interiore e l'equilibrio apportati dalla pratica spirituale, aiutata da vaerágya e viveka (che vengono inoltre sviluppati e raffinati attraverso la consapevolezza di sé acquisita grazie alla meditazione e che, a loro volta, aiutano la pratica della meditazione), si esprime a livello pratico come Aparigraha: un uso di buon senso dei beni materiali che si svolge in quello che Anandamurti ha descritto come "la massima utilizzazione e la distribuzione razionale delle risorse per il beneficio di tutti[8]". Qui Aparigraha cambia dall'essere un'attitudine individuale e diventa in aggiunta un approccio da riflettere nella vita economica e sociale. Yama e Niyama sono tanto una base a partire dalla quale la pratica spirituale diviene possibile, quanto i fondamentali su cui una società sana può essere costruita. Una società funzionante dipende dalla cooperazione dei suoi membri, e questa cooperazione dipende a sua volta da un concetto ragionato di etica che sostiene lo sviluppo dell'empatia, della fiducia reciproca e di una collaborazione sana che cerca di costruire un ambiente in cui le diverse espressioni dell'umanità possono prosperare e scoprire ciò che di meglio c'è in loro stesse. Qui la domanda diventa quindi inoltre come strutturare un'economia efficiente e anche etica che supporti una distribuzione razionale delle risorse e le cui istituzioni e imprese, attraverso la natura propria della loro concezione, favoriscano uno spirito cooperativo e un senso di responsabilità collettiva. Una tale concezione dovrebbe incoraggiare un comportamento etico, e da quest'ultimo dipenderebbe tuttavia anche il funzionamento di questa concezione, trattando l'economia, le relazioni umane e la cultura come aspetti interconnessi l'uno all'altro.[9] Quindi, Aparigraha comincia come sforzo individuale e, grazie alla sua precisa natura, conduce a interrogativi molto pratici riguardanti la vita collettiva e i sistemi socio-economici.

NIYAMA

<u>SHAOCA</u>

Shaoca (pronunciato 'Shao-cha') significa 'purezza' o 'pulizia'.[1] Essendo un aspetto sia esterno che interno è usato in riferimento al corpo, alla mente e all'ambiente. Poiché i Niyama sono fondamentalmente atteggiamenti o processi psicologici interni, il focus di Shaoca è interno e mentale, con aspetti esterni che agevolano lo stato interno desiderato.

Supponiamo, come premessa generale e senza approfondire i dettagli, che la nostra percezione degli eventi e dell'esperienza emotiva sia colorata da una combinazione dei nostri processi mentali subconsci, che sono supportati da abitudini radicate nei sistemi ormonali e nervosi; da esperienze passate e presenti; e dagli stimoli ricevuti dall'ambiente esterno. La visione del mondo yogica propone anche che una certa parte di tutto ciò sia costituita da impressioni di azioni passate (dalla vita attuale e da quelle precedenti) in attesa di esprimersi. Conosciuti come *'samskara'*, creano la base della nostra personalità e l'orientamento psicologico, che insieme al nostro libero arbitrio e ad altre influenze ambientali, danno origine alla personalità di ogni individuo.[2] Tutte queste influenze, passate e presenti, interne ed esterne, fisiche e psichiche, si combinano per creare la nostra unica e condizionata esperienza soggettiva di vita. Per fare un semplice esempio visivo, immaginate la mente come una palla di impasto perfettamente liscia e rotonda. Ogni azione che eseguiamo o immaginiamo, e ogni stimolo che il corpo e la mente riceve, crea un'impressione sulla mente, allo stesso modo in cui una palla di impasto, quando viene colpita da un dito, cambia forma. Queste impressioni (samskara) sono il condizionamento o i "complessi" della mente, e grazie a loro sperimentiamo il mondo come lo vediamo. I samskara desiderano esprimere se stessi in modo che la mente possa tornare alla sua forma "sferica" originale e all'esperienza incondizionata del sé che evoca.[3]

Shaoca, in questo contesto, è relazionato a ciò che permettiamo di fare entrare nelle nostre menti, considerando l'impressione mentale e quindi i tratti emotivi e caratteriali che verranno prodotti come risultato. I nostri complessi mentali, siano essi di vergogna, paura, egoismo o di qualsiasi altra forma che possano assumere, creano distorsioni nella mente che si riflettono quindi nel comportamento di ognuno di noi verso gli altri e il mondo.[4] Lo stesso vale per qualsiasi tipo di impulso emotivo o desiderio egocentrico su cui si agisce senza consapevolezza o guida della coscienza.

Shaoca quindi è l'atto di essere consapevoli e di assumersi la responsabilità di ciò che permettiamo di far entrare nelle nostre menti e dei modelli psicologici che incoraggiamo, ma anche l'atto di "ripulire" tutto ciò che ha già trovato una casa nella stanza disordinata del sé interiore.

Per comprendere al meglio le dinamiche di Shaoca, possiamo creare una suddivisione in quattro parti: "esterno-fisico", "interno-fisico", "esterno-psichico" e "interno-psichico".

Il Shaoca "esterno-fisico" si riferisce allo sforzo di mantenere il corpo e l'ambiente naturale in modo tale da creare uno stato di facilitazione fisica e mentale favorevole al corretto sviluppo psichico in concomitanza alla magnanimità della mente; in opposizione ad agitazione mentale e egocentrismo, che rendono incapaci di simpatizzare con i sentimenti degli altri e quindi aumentano la possibilità di infliggere danno, consapevolmente o meno. A questo proposito, lo yoga è molto pratico e offre una vasta gamma di consigli sul mantenimento del corpo fisico, con particolare attenzione al sistema nervoso e ormonale, riconoscendo che anche quando uno desidera coscientemente il bene, a volte il corpo e le ghiandole stesse funzionano in contrasto con questo desiderio.[5] Una delle funzioni primarie delle pratiche fisiche dello yoga è di aiutare a minimizzare questo conflitto. Le posture yoga o asana, sono progettate per funzionare specificamente con il sistema ghiandolare, linfatico e nervoso in modo da creare un funzionamento armonioso del corpo, della mente e delle emozioni. Lo stesso possiamo dire sui consigli yogici riguardo le pratiche igieniche con l'acqua, ad esempio, e di altre pratiche relative alla pulizia fisica del corpo.[6]

Questa idea può anche essere spiegata in un altro modo attraverso la concettualizzazione del sistema di Cakra come una mappa emotiva del corpo in relazione alle ghiandole. Qui l'idea è che ciascuno dei Cakra sia collegato a determinate tendenze psichiche, note come "vrtii". Il muladhara cakra, situato alla base della colonna vertebrale, si riferisce alle quattro correnti di base del desiderio umano: fisico, psichico, psico-spirituale e spirituale (kama, artha, dharma e moksha). Questi sono tutti aspetti essenziali dell'esistenza umana, tuttavia, è necessario, affinché ognuno di essi trovi il proprio posto, che il fisico sia guidato dalla dimensione psichica e quest'ultima dalla spirituale. Se l'intera energia mentale gravita attorno ai desideri fisici, la sensibilità umana più sottile non avrà la possibilità di svilupparsi. D'altra parte, quando i desideri fisici sono guidati dalla mente, saranno in grado di incorporarsi nell'intero schema delle cose in modo costruttivo. In questo caso, convivono in connessione con sottili emozioni umane, come empatia e affetto, anziché sotto forma di forze istintive cieche di sopravvivenza, assumendo nuove forme e trovando il loro posto all'interno della cultura umana.

Svadhisthana cakra, situato sopra il muladhara ma sotto l'ombelico, è collegato a tendenze egocentriche come crudeltà, mettere in cattiva luce e sminuire il prossimo o alla mancanza di buon senso. Il manipura cakra, situato nel punto dell'ombelico, è di natura dinamica ed è responsabile del mantenimento dell'equilibrio tra i due chakra inferiori e i due superiori. Contiene anche tendenze egocentriche e limitanti come la paura, la timidezza o la repulsione, ma queste sono più emotive e meno puramente istintive.[7] Quando i cakra inferiori e le ghiandole correlate sono troppo stimolati o agitati, il manipura non è più in grado di gestire il suo ruolo di moderatore, e le tendenze dei cakra inferiori prenderanno il sopravvento, mentre l'egoismo e la gratificazione impulsiva diventeranno forze dominanti. Se le ghiandole relative ai cakra inferiori funzionano in modo equilibrato, il manipura sarà guidato dai cakra superiori, l'anahata e il vishuddha, e il flusso delle tendenze psichiche diventerà sempre più magnanimo e altruista. In questo caso tutte le funzioni del corpo umano e le tendenze della mente inizieranno a trovare il loro posto appropriato nella vita individuale e ulteriori sviluppi psichici e spirituali procederanno naturalmente, passo dopo passo. Il Shaoca fisico esterno è quindi lo sforzo di prendersi cura del corpo e del sistema endocrino, attraverso la comprensione dell'interrelazione del corpo con la mente, al fine di regolarlo nel modo più semplice e naturale possibile.

Sebbene questa spiegazione del sistema dei cakra non sia essenziale per comprendere gli aspetti esterni di Shaoca, è un'aggiunta interessante e piena di spunti sull'argomento. Qualcosa di simile si applica anche al Shaoca "interno-fisico". Il Shaoca "interno-fisico" si riferisce alla scienza yogica del cibo e all'idea che ciò che mangiamo, che a sua volta forma tutte le cellule del corpo e gli ormoni prodotti dalle ghiandole stesse, ha un effetto anche sul nostro stato emotivo, nonché sulla sensibilità psichica e sulla capacità di concentrarsi e approfondire le pratiche di meditazione. Pertanto il cibo dovrebbe essere selezionato in modo tale da facilitare lo stato d'animo favorevole al vero Shaoca, che è psichico.[8]

Il Shaoca "psichico-esterno" si riferisce a ciò che si vede e si accetta nella mente dal mondo esterno. Significa guidare i sensi in modo che assimilino ciò che è utile al progresso mentale e allo sviluppo emotivo creando l'abitudine ad evitare ciò che potrebbe essere dannoso. L'idea qui, è che tutto ciò che viene impresso nella mente su base regolare crea schemi psichici o neurologici radicati che si ripetono anche quando gli stimoli dati non sono fisicamente presenti, indebolendo la forza di volontà e rendendo ogni volta tali abitudini più difficili da resistere. Il concetto di Shaoca è di mantenere la "pulizia" della mente, attraverso l'allenamento consapevole e la consapevolezza di ciò che si vuole assimilare in se stessi, invece di accettare qualunque cosa la mente incontri sul suo cammino e in seguito dover ripulire il subbuglio. All'inizio questo richiede un certo sforzo, ma poi lentamente diventa un processo naturale man mano che vengono creati e applicati nuovi schemi psichici. Tale pratica aiuta anche nella meditazione spirituale poiché aiuta a sviluppare forza e concentrazione della mente.

Oltre a gestire la natura della mente che forma l'abitudine, il Shaoca psichico-esterno è anche indirettamente collegato all'idea di sviluppare un focus mentale basato sulla capacità di trovare valore e trarre piacere nello sforzo verso desideri costruttivi e nello sforzo creativo, invece dell'attrazione per la gratificazione immediata che non richiede lo sviluppo di alcun tipo di profondità di carattere e offre "ricompense" che non richiedono alcun tipo di responsabilità o empatia da parte del ricevente. In quest'ultimo caso, l'energia creativa umana viene sprecata e non si diventa mai consapevoli delle proprie motivazioni e processi di pensiero, né di ciò che si desidera veramente dalla vita, tantomeno dei mezzi per creare le condizioni per raggiungerlo. Evocando il "Brave New World" di Aldous Huxley, la persona diventa schiava della gratificazione istantanea e superficiale dei sensi senza alcuno scopo oltre la gratificazione stessa, rimanendo in uno stato emotivo infantile, venendo facilmente manipolato e controllato, prigioniero della propria mente e del dominio di influenze esterne.[9]

I primi tre aspetti di Shaoca portano al quarto Shaoca "interno-psichico". Si tratta dello sforzo di mantenere intenzioni pure internamente, sostituendo l'egoismo con la magnanimità. Ciò si ottiene in parte attraverso la consapevolezza e la canalizzazione dei propri pensieri, in parte attraverso le proprie interazioni con gli altri, e ma anche attraverso il processo stesso di meditazione. Qui la pratica di Shaoca può essere paragonata a quella della pulizia di una finestra, al di fuori della quale si trova una visione ampia e affascinante. Quando il vetro è sporco, la vista sarà ostruita. I profili di luce che mutano sottilmente, l'alba, il tramonto o il chiaro calore del sole della luce del giorno, non raggiungeranno le nostre retine allo stesso modo. O magari, si immagini di vedere il mondo attraverso gli occhi opacizzati dalla cataratta. Shaoca è la pulizia della finestra, che deve essere eseguita regolarmente, in modo da ottenere una visione perfetta del paesaggio: la pulizia della mente per vedere il mondo così com'è, penetrando sempre più in profondità nella sua natura essenziale, non come accade con i nostri complessi mentali e condizionamenti che si riflettono su di noi.

Una tecnica semplice per facilitare questa "pulizia mentale" è quella di accogliere un'idea di natura opposta ogni volta che una tendenza indesiderata o negativa appare nella mente e di usare la propria forza di volontà per seguire quell'idea. In questo modo, la tendenza negativa viene neutralizzata e si sviluppa anche la forza della mente. Ad esempio, se ti senti geloso della felicità di qualcun altro, contrastala con l'idea di cordialità; se provi invidia per i progressi di qualcuno, contrastala incoraggiandolo ad andare avanti. Inizia contrastando mentalmente l'idea negativa, e, per quanto sia possibile, attua questo sforzo mentale nella pratica. Dove c'è egoismo nella mente, fai uno sforzo per espanderlo nell'universalismo, attraverso il servizio senza il desiderio di riconoscimento, che probabilmente non verrà riconosciuto senza elogi da parte degli altri. C'è uno shloka del Buddha Vanii che consiglia:

Akkodhena jine kodham asádhum sádhuná jine
Jine kadariiyam dánena sattyena aliikavádinam.

Superare la rabbia con la pazienza, superare la disonestà con l'onestà, superare l'avidità con la generosità, superare la falsità con la verità.[10]

Questa idea, applicata internamente e diretta verso le tendenze della propria mente, e combinata con una pratica di meditazione, che cerca di espandere la mente da un approccio egocentrico verso un approccio universale alla vita, costituisce una solida base per il Shaoca interno-psichico. O, nelle parole di P. R. Sarkar:

Quando il flusso della mente non è impedito dall'egoismo, dalla ristrettezza e dalle superstizioni allora è mukti (liberazione).[11]

Shoaca è lo sforzo per rimuovere l'egoismo, la ristrettezza e il dogma dalla mente e attraverso questo processo possiamo iniziare a capire il vero significato e l'esperienza di "libertà" e di "mukti" o "liberazione spirituale".

SANTOS'A

Santos'a è un'altra parola senza una traduzione italiana esatta. Sebbene possa essere tradotto come "appagamento", sono necessarie ulteriori spiegazioni per comprenderne il significato preciso. 'Tos'a' significa 'appagamento' nel senso dello 'stato di agio mentale' provato dopo aver soddisfatto il proprio desiderio di un particolare oggetto o esperienza. Santos'a può essere definito come "appagamento completo", o "uno stato di benessere interno proprio/completo".[1] La domanda è quindi: qual è la differenza tra questi due? Per capire ciò, è prima di tutto necessario conoscere la differenza tra altri due termini: "sukha" e "ananda". Sukha significa "felicità", in riferimento al piacere che si prova quando si sperimenta una situazione conforme alla propria inclinazione psicologica particolare, o espressa in un altro modo, in accordo con i propri "samskara" o tendenze mentali come risultato delle impressioni formate da azioni passate che cercano di essere espresse, come spiegato nel capitolo precedente.[2] Come tutto il mondo relativo, "sukha" è transitorio e ha anche la sua espressione opposta, "dukha", dolore e sofferenza. La vita è una danza continua negli spazi e nelle combinazioni tra queste coppie di opposti. Va anche notato che questo "sukha" non implica necessariamente qualcosa di costruttivo o positivo di per sé. Ciò che è considerato piacevole da uno può essere considerato ugualmente spiacevole o fastidioso per l'altro, e ovviamente le nostre inclinazioni possono cambiare con il tempo, a seconda dei cambiamenti circostanziali o interni dell'individuo. Sukha può anche riferirsi alla felicità derivata da abitudini distruttive, tendenze sadiche o narcisistiche, ecc. Tos'a è l'appagamento acquisito attraverso un'esperienza piacevole in accordo con i propri gusti, quando ci si sente saziati da una data esperienza. Per fare un semplice esempio: il tuo desiderio di mangiare cioccolato. Fino a quando non puoi soddisfare questo desiderio, la mente rimane insoddisfatta. Ottenendo una certa quantità di cioccolato e consumandolo, il desiderio viene alleviato e ti senti soddisfatto. Sperimenti sukha, e poi tos'a, fino a quando il desiderio non sorge di nuovo nella tua mente.

'Ananda', differentemente da 'sukha', si riferisce a uno stato di beatitudine spirituale o gioia che va oltre lo scopo della relatività e il gioco degli opposti. Si sperimenta quando il proprio flusso psichico individuale si fonde con la consapevolezza incondizionata della coscienza universale:

Riguardo a Brahma (coscienza infinita e incondizionata) è stato detto, "Anandam Brahma", cioè Ananda e Brahma sono identici... è stata tracciata una sottile linea di demarcazione tra sukha (felicità) e ananda (beatitudine). Sukha denota uno stato mentale congeniale, mentre Ananda è uno stato di beatitudine metempirico, oltre la sfera dell'esperienza, che trabocca dalla mente - uno stato che non dovrebbe essere chiamato né congeniale né non-congeniale. Lo stato di beatitudine è sempre al di sopra della portata della mente perché è illimitato.

L'esperienza della beatitudine trascende la portata della mente... Brahma è il nome dato alla massima qualità della felicità.[3]

Man mano che ci si avvicina sempre più a questo stato di Ananda, questo permea la propria esistenza in un modo che va oltre lo scopo della felicità e della tristezza, il sukha e il dukha.

Santos'a è il lato interno di Aparigraha, lo stato di equilibrio mentale acquisito dalla comprensione dell'uso e dei limiti degli oggetti materiali e del piacere che ne deriva. Nello stesso modo di Aparigraha, non si tratta di una negazione del mondo materiale, ma di un atteggiamento equilibrato nei suoi confronti, secondo vaeragya e viveka come già accennato. La pratica di Aparigraha è progettata per creare uno stato interno di Santos'a, in quanto riconosce che il tentativo di placare l'irrequietezza umana e la ricerca interiore solo attraverso i piaceri fisici non solo è impossibile ma anche controproducente. Nel tentativo di farlo infatti i nostri desideri e la necessità di soddisfarli continuano ad aumentare all'infinito. Nello sforzo di allentare le tensioni interne, creiamo dipendenze che riproducono continuamente le stesse tensioni in misura sempre maggiore.[4]

Lo sforzo di praticare Aparigraha esternamente, combinato con lo sforzo interiore per spostarsi verso "ananda", la cui esperienza di per sé crea un senso di soddisfazione interiore ed un senso di gratitudine per le cose semplici della vita, funzionano come una sorta di alchimia per produrre lo stato di Santos'a. La crescita interiore che questo produce, a differenza di una gratificazione sensuale istantanea e una costante ricerca di stimoli per soddisfare un pervasivo senso di mancanza o per evitare la riflessione su se stessi e l'elaborazione di esperienze dolorose o carenze personali, crea un tipo speciale di "felicità" che non nega le varie espressioni ed emozioni della vita, ma cerca più in profondità per trovarne il significato e la corretta prospettiva.

A livello puramente pratico, Santos'a può fare riferimento, ad esempio, allo sforzo di trarre il massimo da ciò che arriva nella nostra vita, da ciò che ci è stato dato: il corpo con cui siamo nati o le circostanze e le sfide che ci vengono presentate. Santos'a sviluppa come risultato la consapevolezza che si sta usando la propria capacità al massimo e in modo costruttivo.

In sanscrito la parola essere umano è "manúsya" o "mánava", e in bengalese "manush", che deriva da "man", che significa "mente". La mente qui si riferisce sia al cuore che alla mente, o all'intero mondo interiore psichico ed emotivo, non solo all'intelletto.[5] L'implicazione di questa etimologia è che gli esseri umani si distinguono per il fatto di essere prevalentemente esseri psichici per i quali le esperienze psichiche o soggettive sono più importanti di quelle puramente fisiche.[6] Aggiungiamo significato emotivo e valore astratto ad ogni espressione della vita: il mangiare diventa non solo un atto di riempimento dello stomaco, ma un atto di condivisione, creazione di legami sociali, espressione di creatività e generosità; le relazioni umane invece di essere solo fisiche, si trasformano in espressioni di amore, responsabilità, sacrificio e sviluppo emotivo. Man mano che la mente prova sempre più piacere in queste sottili espressioni psichiche della vita, con la parte psichica che si sposta verso quella spirituale, viene creato uno spazio per lo sviluppo di Santos'a. Al contrario, se tutta l'esperienza viene attribuita all'esperienza del piacere fisico, che è necessariamente momentanea e limitata, e che è anche egocentrica se non attaccata a un valore più alto della vita emotiva e spirituale, la mente diventa irrequieta e insoddisfatta.

L'"appagamento" di Santos'a non implica la passività di fronte alle ingiustizie sociali o accettare di essere sfruttati.[7] Al contrario, fornisce l'equilibrio interiore necessario per continuare a lottare esternamente contro le ingiustizie sociali, senza perdere di vista la prospettiva o scoraggiarsi. È uno stato interno di equilibrio mentale, uno speciale senso di pienezza che nasce dall'interno.

TAPAH

Tapah si riferisce allo spirito di sacrificio a beneficio degli altri e all' essere pronti ad affrontare delle difficoltà per raggiungere il proprio obiettivo:[1] prestare servizio senza desiderio di premi o elogi, senza nutrire alcun tipo di pregiudizio o discriminazione nei confronti di chi deve essere servito, e che comporta qualche disagio o sforzo extra da parte della persona che offre il servizio. Alla base di questo c'è la comprensione che tali sforzi portano all'espansione mentale:

> Tapah sádhaná è, quindi, elevarsi al di sopra dell'egoismo. Di norma, la messa in pratica di Tapah porta alla espansione mentale, e questa espansione certamente aiuterà ... in larga misura, nella pratica di Iishvara Pranidhana (meditazione).[2]

La stessa parola "sacrificio" deriva dal latino "sacrificium", costituito da "sacer" (sacro, santo) e "facio" (da fare/creare).[3] Mentre nella cultura Vedica e in altre tradizioni "sacrificio" si riferisce all'atto delle offerte rituali nel fuoco, "Tapah" è simile al rogo dell'egoismo e dell'ego nel fuoco del servizio disinteressato. Allo stesso modo in cui Ahim'sá o Satya comportano il riconoscimento di se stessi nell'altro, la negazione della validità della vita e delle speranze dell'altro equivale a una negazione del proprio io; anche

Tapah è un riconoscimento dell'essenza della divinità e del desiderio per la crescita che risiede in ogni individuo, con l'ulteriore implicazione di elevarsi sopra se stessi assumendosi qualcosa della sofferenza dell'altro al fine di facilitare il suo sviluppo e la conseguente felicità.

Fondamentalmente, qualsiasi tipo di impegno, che sia nei confronti degli altri o in nome dei propri principi e ideali, implica un qualche livello di sacrificio. Crescere una famiglia, studiare, fare qualsiasi cosa che si basi su qualcosa di più del puro narcisismo significa, almeno a livello superficiale, rinunciare a qualcosa della propria libertà individuale. Ciò che si guadagna, tuttavia, ha un valore incommensurabile rispetto alla perdita. La libertà che si perde è apparente e illusoria: la libertà acquisita è quella di elevarsi al di sopra delle limitazioni del sé, della crescita attraverso il sacrificio basato sul significato più profondo dell'amore; non come qualcosa di personale basato su simpatie e antipatie. È un amore universale e innato, che non discrimina e non cerca alcuna ricompensa, ma serve come ricompensa propria.

Anandamurti descrive la necessità e il beneficio di Tapah in un modo molto sottile e interessante, spiegando che quando le attività umane non sono guidate dal discernimento (o viveka, come già spiegato nella sezione su Satya), sono inevitabilmente guidate dall'istinto, come un'auto guidata da una persona cieca. La pratica di Tapah, guidata dal giusto discernimento, cambia il corso delle azioni e dei sentimenti umani.[4] Viene suscitato un senso di amore, che è essenzialmente un amore per la coscienza divina in colui che viene servito. Questo amore è definito "devozione" ed è la risorsa più preziosa sul cammino spirituale. Una volta acquisita questa sottile sensazione interiore, la meditazione non è più una disciplina o un ideale distante. Diventa in sé un atto di amore, poiché la mente è spinta dalla forza della profonda gioia interiore verso l'infinito, proprio come la forza di volontà di una persona innamorata si sposta inconsciamente verso il pensiero dell'amato:

> Coloro che considerano la persona servita solo come espressione del Cosmico e si preoccupano del suo benessere, sviluppano disinteressatamente la devozione o l'amore per il Supremo in breve tempo. Quando si suscita amore e si esprime il sentimento di devozione, cos'altro resta da raggiungere?[5]

La prontezza a subire difficoltà nel cammino verso un obiettivo superiore è parte integrante della scoperta di cosa significhi essere veramente umani, ed essere umani è crescere oltre se stessi:

> '... fortunatamente per l'uomo il percorso più semplice non è il percorso più vero ... l'uomo, di fronte alle difficoltà, deve riconoscere che è un uomo, che ha la responsabilità delle facoltà superiori della sua natura, ignorando la possibilità di ottenere un successo che è immediato, forse, ma che per lui diventerà una trappola mortale. Perché quelli che sono ostacoli alle creature inferiori sono opportunità per la vita superiore dell'uomo.'[6]

Tapah serve anche come espressione esterna e pratica del confronto interno con i nostri limiti e pregiudizi personali che formano una parte della meditazione tantrica per l'espansione mentale. Gli aspetti interni ed esterni di questo sforzo sono intimamente interconnessi e ciascuno serve come prova della veridicità dell'altro.[7] Tapah è un riconoscimento del fatto che la lotta è parte della vita e ha il suo proprio valore innato. Non è qualcosa da evitare ma da abbracciare, conoscendo tutte le possibilità di sviluppo che detiene. Meglio ancora è affrontare queste lotte interne ed esterne come un processo di crescita che sia utile e in cui non sono vissute come sofferenza, ma invece come soddisfazione del servizio, e di non considerarle come dolore senza alcuno scopo apparente.

Per essere produttivi a livello pratico collettivo, Tapah richiede studio e conoscenza delle realtà economiche, culturali e sociali locali delle persone e delle località da servire. Questa attenta osservazione, pianificazione e sensibilità fanno anche parte della messa in pratica di Tapah. Tapah non è un servizio al solo fine di "sentirsi bene" ma un servizio che dovrebbe portare a un risultato costruttivo ed essere realizzato anche se il processo comporta sfide e non adula l'ego.

L'esperienza di un lavoratore volontario dell'organizzazione internazionale di sviluppo AMURT[8] può essere utilizzata come esempio in questo senso. Dada Rudreshvaranda ("Dada" da qui in poi) lavora in Burkina Faso in Africa dal 1985. Stava gestendo una serie di progetti di sviluppo di comunità rurali nel deserto del Sahel, una regione estremamente povera del paese. I progetti erano stati sviluppati lentamente nel corso degli anni attraverso la pianificazione e la sensibilizzazione mentre Dada viveva e si muoveva tra gli abitanti del villaggio. I suoi fondi economici erano minimi, ma era sempre a contatto con le persone e comprendeva bene la situazione locale. Nel 1991 una grande organizzazione olandese arrivò nella regione con dieci milioni di dollari da spendere per lo "sviluppo". Cominciarono a organizzare molti corsi per addestrare gli abitanti dei villaggi alle moderne pratiche agricole, pagando agli abitanti sei dollari al giorno per frequentare le lezioni e otto dollari per il trasporto. Si trattava di un'enorme quantità di denaro visto che la maggior parte di loro guadagnava solo dieci dollari al mese. Gli abitanti del villaggio frequentarono le lezioni di addestramento, ricevettero i soldi e tornarono ai loro villaggi, generalmente senza cambiare nessuna delle loro pratiche agricole. La presenza di questa organizzazione che distribuiva ingenti somme di denaro ha iniziato a causare molti tipi di corruzione nell'intera popolazione provinciale. Nel frattempo, Dada, vedendo che i soldi stavano facendo più male che bene, andò all'ambasciata olandese per cercare di convincerli a chiudere il progetto. Dopo quattro anni, che era la metà del tempo previsto per il lavoro, un rapporto ha documentato che l'ottanta per cento del progetto era stato un fallimento. Il direttore del progetto si dimise, ma i problemi continuarono, poiché c'erano ancora cinque milioni di dollari da spendere. Decisero di convertire uno dei villaggi in un sito turistico e costruirono latrine in cima a quella che Dada descriveva come una "bellissima duna di sabbia", per essere utilizzata dai turisti per cavalcare i cammelli. I turisti, non a caso, non arrivarono mai.

L'organizzazione olandese ha anche guidato una spinta all'alfabetizzazione, che di nuovo, ha causato più danni che benefici. Ignaro delle delicate questioni storiche e culturali che circondano le lingue locali, la loro campagna aprì vecchie divisioni tribali che AMURT aveva aiutato a neutralizzare in passato attraverso campagne di alfabetizzazione che avevano unito gruppi etnici rivali. Alla fine, il progetto olandese è stato un disastro, poiché avevano troppi soldi da spendere e volevano mostrare risultati rapidi senza prendersi il tempo di conoscere la situazione locale, non essendo preparati a intraprendere il cammino, spesso lento, della pazienza e della lotta che comporta un vero cambiamento.[8]

Il servizio e il sacrificio nello spirito di Tapah non possono essere meri cambiamenti di facciata o concessioni simboliche, e non sono fatte per lo spettacolo. Deve venire dal cuore ed essere eseguito con il giusto giudizio, che deriva dall'avere il proprio "sudore e sangue" mescolati al lavoro. La dimensione del compito a portata di mano non è importante, ma lo è la sincerità e l'altruismo del sacrificio, e questo è ciò che lo distingue da qualsiasi altro tipo di lavoro.

<u>SVÁDHYÁYA</u>

Svádhyáya è la pratica dello studio e della riflessione, in particolare in relazione alla filosofia e alla saggezza spirituale. Si tratta di studio con l'intenzione di interiorizzare l'importanza di ciò che viene appreso.[1] 'Svá' significa letteralmente 'proprio', o 'pertinente a se stessi' e 'dhyáya' 'studio' o 'contemplazione'. Svádhyáya è quindi lo "studio di sé", che implicitamente diventa anche "contemplazione di sé", a causa della natura di ciò che viene studiato e del modo con cui si intraprende lo studio.

L'importanza di questo punto di Niyama può essere compresa innanzitutto considerando il perché faccia parte di Yama-Niyama e dell'etica. Allo stesso modo in cui attraverso la pratica di Tapah, la percezione e l'amore si sviluppano attraverso la lotta, Svadhayaya produce un tipo di attrito mentale che crea un'espansione della consapevolezza intellettualmente e spiritualmente. Le nuove idee reagiscono con quelle vecchie o con schemi fissi rigidi, si scontrano, parlano e talvolta combattono tra loro e, di conseguenza, il livello e la profondità della comprensione vengono così perfezionati. In un certo senso è responsabilità etica di ogni individuo provocare questo processo di sviluppo psichico in modo che la mente non cada in uno stato statico e crei dogmi intellettuali o spirituali con le corrispondenti conseguenze sociali dannose. La conoscenza così affrontata poggia su una base di umiltà e rimane dinamica.

Anche il riferimento specifico di Svádhyáya come studio della filosofia spirituale ha delle ragioni. Da una prospettiva epistemologica, la filosofia yoga divide la conoscenza in varie categorie e l'approccio all'apprendimento differisce di conseguenza. Ad esempio, un approccio analitico è coerente con lo studio delle scienze materiali, ma per lo studio della filosofia spirituale è necessario un tipo di percezione diverso e più sottile. La divisione più semplice della conoscenza è nelle categorie "apará" e "pará": conoscenza del mondo esterno che "cerca di soggettivare l'oggettività interna" e conoscenza del sé che "mira alla soggettivizzazione dell'oggettività interna". Apará o conoscenza materiale è necessaria e importante per l'organizzazione del mondo materiale e per mantenere un equilibrio tra il mondo interno ed esterno, mondo interno soggettivo e quello esterno oggettivo.[3] Tuttavia, così come ogni cosa nel mondo materiale è relativa e in continua evoluzione, e ciò che ieri era la realtà può essere cancellato domani, così anche la conoscenza apará contiene in sé per sua natura le stesse limitazioni. Può condurci sul ciglio di queste limitazioni ma non oltre: da lì dobbiamo essere sufficientemente umili e coraggiosi da saltare nel mondo interno, sottile e astratto del sé mentre cerca di comprendere la natura della propria esistenza.

La conoscenza di Pará, diversamente da apará, cerca una comprensione di ciò che è al di là della relatività: pura coscienza, incondizionata e illimitata. È una spiegazione, necessariamente simbolica in una certa misura, proveniente dal più alto stato di consapevolezza possibile che dobbiamo ancora ottenere, a cui però aspiriamo, di tutti i diversi processi e stati di esperienza che si vivono nel raggiungerlo. La filosofia spirituale, nel vero senso del termine, deve contenere al suo interno livelli di significato sempre più profondi, così che ogni volta che si approfondisce la comprensione di un concetto, si aprono nuovi livelli di possibilità da esplorare. Questo processo va necessariamente di pari passo con una pratica spirituale effettiva come parte della vita quotidiana, poiché entrambe si completano a vicenda e si danno un significato reciproco. Tale tipo di filosofia è molto diversa, in realtà è l'opposto, di un approccio dogmatico religioso in nome della "spiritualità", che proclamando verità indiscutibili blocca la naturale curiosità e razionalità della mente umana e mette fine alla ricerca spirituale prima ancora che sia a malapena iniziata. È uno sforzo in cui "più uno sa, più uno sa di non sapere": rompendo i nostri limiti di percezione, diventiamo consapevoli della nostra ignoranza e anche delle profondità intatte che rimangono ancora da conoscere e ci dedichiamo alla continua ricerca di espansione psichica. Detto in altri termini:

'Il trascendente è ciò su cui ci imbattiamo quando realizziamo la nostra ignoranza, e quindi è ciò che trascende la nostra ignoranza ... L'errore è il trascendente che si rivela: ciò che effettivamente si sta rivelando è la realtà che è fuori e al di sotto della tua percezione.'[4]

Svádhyáya costruisce una base su cui possiamo comprendere meglio e razionalizzare le esperienze prodotte attraverso la pratica spirituale, e la meditazione fornisce i cambiamenti nella percezione e le esperienze necessarie per apprezzare appieno le sottigliezze della filosofia spirituale. In entrambi i processi, continuiamo a "scontrarci" con il trascendente, realizzando continuamente la nostra ignoranza e facendo sforzi per superarla. Integrare questo processo come parte della vita presenta implicazioni non solo nella vita personale ma anche in quella collettiva, nonché in tutte le altre aree della conoscenza. Quando adottiamo questo atteggiamento a livello spirituale, naturalmente esso scende e pervade ogni altro livello: nelle arene della scienza, della sociologia, della cultura o della psicologia, ricordiamo che la conoscenza viene acquisita attraverso un processo di errore, e questo riguarda forse in maniera particolare la conoscenza scientifica, e che il suo valore sta proprio in questo riconoscimento, nella sfida dei paradigmi della comprensione attuale considerata come "verità" in modo tale che nessuna forma di conoscenza si cristallizzi in convinzioni cieche e indiscusse. Lo stesso si può dire dei movimenti sociali: se abbiamo la capacità di cercare la coscienza incondizionata dentro di noi sfidando i nostri limiti di percezione ed esperienza, diventa facile riconoscere la natura relativa delle strutture sociali e anche delle lotte sociali. Non dovremo creare una "religione" a partire dai movimenti sociali, politici o economici, alla ricerca di una falsa sicurezza o permanenza che non può essere trovata. Invece, diventeremo sempre più capaci di riconoscere l'utilità e la pertinenza (o meno) di strutture e sistemi nel contesto dato e scartarli o trasformarli come richiesto dal contesto. In questo modo come società possiamo superare la tendenza verso movimenti sociali reattivi e cercare una base più coerente per il progresso sociale.

Nella storia dello Yoga, la "filosofia" è stata sostanzialmente considerata come una spiegazione delle esperienze reali acquisite attraverso il "sádhaná", o pratiche spirituali intuitive. È un tentativo di spiegare agli altri certe esperienze di realtà e coscienza che sono realmente avvenute. Filosofia, psicologia e pratica si intrecciano inscindibilmente, con le prime due risultanti dalla saggezza acquisita attraverso quest'ultima.[5] La "pratica" qui comprende tutti gli aspetti della meditazione spirituale che, per essere espressa come "filosofia", comportano l'osservazione sistematica della mente e l'effetto di trasformare i propri processi cognitivi, l'osservazione delle attività e degli stili di percezione, dell'interconnessione tra corpo e mente e le interazioni tra il mondo soggettivo e quello oggettivo. In questo paradigma, "pratica" e "teoria" non sono mai state e non possono mai essere considerate totalmente separate. Qui in questo luogo di incontro tra filosofia, psicologia e pratica, c'è anche un altro incontro, ossia tra fatto, significato ed esperienza. È a causa di questo incontro di diverse ramificazioni della vita che Svádhyáya non è solo uno studio delle teorie, ma anche uno studio del sé e del significato dell'esistenza di quel sé in entrambe le sfere soggettiva e oggettiva. Mantenere vivo questo studio e questa ricerca interiore integrandola come parte della vita quotidiana, per stimolare la crescita che questo produce, è considerato una necessità e una responsabilità di base di ogni individuo, e per questo motivo è incluso come parte della base etica dello yoga con la formazione di uno stato mentale sottile ed equilibrato come obiettivo.

Ogni epoca ha la sua estetica, lo stesso vale per

ogni contesto culturale e, in effetti, per ogni individuo. La stessa ricerca umana può essere espressa in una miriade di stili diversi, e bisognerebbe sempre tenerlo presente quando cerchiamo di addentrarci nel significato delle idee spirituali per giudicarne la loro validità. Nel corso della storia l'essenza dello yoga e della filosofia tantrica è stata espressa in egual misura attraverso una logica precisa e meticolosa e anche codificata nel canto e nella poesia in un linguaggio simbolico devozionale.[6] Allo stesso modo, ci sono stati sforzi recenti per collegare il linguaggio scientifico della fisica e il simbolismo astratto della matematica con il linguaggio filosofico e metafisico dello yoga.[7] Qualunque sia lo stile usato, il linguaggio sarà sempre inevitabilmente simbolico poiché cerca di spiegare sottili esperienze soggettive e di mettere in parole stati che sono al di là dello scopo della coscienza individuale, e quindi oltre le parole.

Un esempio evidente dell'utilizzo del linguaggio altamente simbolico è il "sandhyabhasa" o "linguaggio crepuscolare" esoterico di alcuni testi tantrici e della poesia mistica. Il "crepuscolo" è letteralmente lo spazio tra il giorno e la luce e, simbolicamente, il punto d'incontro tra noto e sconosciuto, e il linguaggio crepuscolare è un linguaggio codificato progettato per essere spiegato da un insegnante qualificato e compreso dai discepoli praticanti. Per dare solo uno dei tanti esempi possibili, c'è un breve verso in bengalese che letteralmente si traduce come:

"Il cortile è andato nella stanza interna - O onorevole signora, capisci? Come risultato del cortile che entrava nella stanza, anche il ladro che si nascondeva nel cortile entrò e ti rubò gli orecchini."[8]

Alla base del significato superficiale, che appare insensato, il verso spiega in realtà il processo di introversione della mente dispersa ed estroversa. Come risultato del sádhaná spirituale, il mondo esterno (il cortile) o gli aspetti superficiali della mente, sono focalizzati internamente e si fondono con gli strati subconsci interni e quindi inconsci della mente, mentre l'individuo si fonde nell'universale (la stanza interna). Di conseguenza, tutti i limiti della percezione, i complessi mentali e la sofferenza scompaiono ("vengono rubati") in questo stato di perfetta pienezza. Si può anche aggiungere che il "ladro" (coscienza cosmica personificata) è sempre rimasto nascosto anche nel mondo esterno, (il cortile) ma a causa della dispersione della mente non è stato percepito.[9]

Naturalmente, non tutte le spiegazioni della filosofia spirituale usano un linguaggio così colorato e criptico, ma un tale esempio rende facile la comprensione di come le idee possano essere fraintese se non interiorizzate e contemplate profondamente. I koan zen, o le canzoni Sufi e Baul, sono altri esempi di linguaggio criptico o poetico usato per esprimere l'inesprimibile. Anche quando viene utilizzato un formato più generale, è necessario lo stesso processo di riflessione per comprendere l'essenza delle parole, poiché qualunque cosa riesca ad essere espressa contiene inevitabilmente molti strati e anche allora solo una piccola parte dell'esperienza effettiva tenta di essere trasmessa.

IISHVARA PRAN'IDHÁNA

Iishvara pran'idhána, il punto finale di Yama-Niyama, è sia la base che la fonte di ispirazione per tutti i nove punti precedenti, nonché il loro obiettivo. 'Iishvara' è la Coscienza Cosmica, pura e incondizionata, sia trascendente che intrinseca (esistente), la cui esperienza è perfetta pienezza, beatitudine e massima libertà di completezza senza mancanza. Iishvara è sia la coscienza testimone sia l'essenza di tutto ciò che esiste: nascosto nelle superficialità del mondo materiale ed esterno in costante cambiamento, rivelato nella più profonda essenza del sé introverso.[1] 'Pran'idhána' significa 'capire chiaramente o adottare qualcosa come un rifugio'.[2] Pertanto "Iishvara pran'idhána" significa letteralmente "accettare Iishvara, Coscienza Cosmica, come proprio rifugio" o "acquisire una chiara comprensione" di "Iishvara", con l'implicazione che questa comprensione deriva dal conoscere intimamente o dal fondersi con ciò che si sta cercando di capire. In pratica, è lo sforzo di identificare il proprio flusso mentale individuale con la coscienza infinita e unificare il proprio senso dell'esistenza con quel flusso.[3]

Questo è sia il processo che l'obiettivo della meditazione spirituale o "sádhaná". È un concetto oltre che una tecnica reale, la pratica per la quale tutte le altre pratiche dello yoga sono una preparazione: è il vero significato di "yoga" come "unione".[4]

Tutto ciò con cui generalmente ci identifichiamo

così fortemente come esseri umani è transitorio: i nostri beni fisici, relazioni, corpo fisico, qualità psichiche e schemi di pensiero. Le nostre identità culturali, sociali e di genere sono solo versioni fluttuanti e limitate di "chi siamo". Questo non vuol dire che sono insignificanti, ma che non sono così significativi come pensiamo che siano e certamente non sono permanenti. Sono importanti e necessari per quanto ne comprendiamo i limiti. Comprendendo ciò, possono essere guidati a servire uno scopo superiore ma, trasformati nel nucleo della nostra identità, diventano fonte di insicurezza, conflitto o attaccamento, e oscurano la nostra chiarezza di visione. Ciò a cui teniamo oggi come centro della nostra identità personale può cambiare drasticamente con il tempo. Quanto più forti ci aggrappiamo a tali identità, tanto più diventano forzate e difficili da cambiare, e quando, a causa di qualche altra alterazione delle circostanze, questi muri di dipendenza su cui è appoggiato il nostro "io" cadono, maggiore sarà lo shock, poiché si è costretti a rivalutare tutto ciò che credevamo fermamente di essere. La vita stessa, che lo si desideri o meno, forza su di noi questa rivalutazione, a volte dolcemente e pazientemente, altre volte all'improvviso e con duri colpi.

Se, nelle profondità del sé, ci rendiamo conto che fondamentalmente siamo qualcosa di più della nostra identità transitoria, che siamo integrati e creati da qualche altro mistero immateriale e infinito, e riusciamo passo dopo passo a identificarci con questa essenza, poi internamente diventiamo sia indistruttibili anche nelle circostanze più difficili, sia mentalmente liberi. Anche se tutte le pareti su cui ci si appoggia una persona che agisce nel mondo relativo vengono rimosse, si rimarrà comunque in piedi, poiché il supporto finale di un individuo è un centro interno che tiene insieme la personalità proprio come la colonna vertebrale regge la struttura fisica.

Un concetto così astratto come la "Coscienza Cosmica" inizia naturalmente come poco più di un'idea, forse sentita intuitivamente o dedotta attraverso un processo di logica. Questo germoglio di idea deve essere stabilizzato e la sua veridicità stabilita attraverso l'esperienza interiore di ogni individuo. Deve essere stabilita una connessione personale con il suddetto flusso di coscienza, e così facendo l'individuo scoprirà qualcosa di così profondo e bello da non temere di perdere le cose più piccole della vita, quelle cose di valore temporaneo, al fine di aggrapparsi a quell'esperienza. Se questa ispirazione è la base della propria moralità, allora i propri ideali etici si interiorizzeranno e si terranno uniti anche nei momenti di avversità. Una persona diventa senza paura, auto-ispirata e inizia a vivere nella pienezza dell'essere.

La meditazione spirituale è l'allenamento sistematico della mente verso uno stato di coscienza cosi elevato che viene integrato come una parte normale della vita quotidiana. Implica un metodo particolare attraverso il quale la mente si distacca innanzitutto dal mondo esterno, dal corpo fisico e dai modelli di pensiero superficiali della mente. La mente dispersa viene concentrata, e quindi l'"io-sentimento", la totalità del proprio senso di identità personale, viene focalizzato in un certo punto. Da questo punto la propria identità è guidata nel flusso e si trasforma in Coscienza Cosmica. Questo avviene attraverso l'uso del mantra, un insieme di vibrazioni sonore appositamente scelte e collegate a un'idea concettuale, che guida la mente verso strati sempre più profondi del sé:

> '... questa sensazione di "Io sono" che è stata sviluppata ed espressa spontaneamente viene poi trasformata nella sensazione di Brahma (coscienza infinita). Questa idea spontanea non è facilmente comprensibile da coloro che non praticano il sádhaná (meditazione spirituale).'[5]

Questo è uno sforzo sottile, realizzato attraverso la canalizzazione interna delle sensazioni in un modo diretto ma anche naturale e spontaneo che verrà sperimentato in modo univoco da ciascun individuo. Le tecniche concrete vengono insegnate in un processo personalizzato di iniziazione, che comporta un riorientamento mentale da parte dello studente, che al momento dell'apprendimento accetta il percorso e la disciplina spirituale come parte integrante della vita umana.[6] Esistono anche tecniche introduttive che aiutano a portare a questo punto.[7]

L'energia creativa umana, se non ha uno sbocco o uno scopo, cospira per creare una sorta di attrito interno che cerca di liberarsi in tutti i modi. Cerca un'eccitazione fugace, molte volte autodistruttiva in eccesso, o innumerevoli modi nuovi di "dimenticare" le tensioni esistenziali e i dilemmi dell'essere, desiderando una sorta di libertà negativa o di oblio momentaneo. In questo caso, il potenziale e la creatività della mente umana vengono liberati, ma senza produrre nulla di valore duraturo, internamente o esternamente. Iishvara pran'idhána raccoglie questa forza creativa e la guida interiormente, aprendo il potenziale della mente in gradi sempre crescenti. Questo processo, a parte il suo obiettivo ultimo spirituale, induce naturalmente molti benefici secondari lungo il cammino, trasformando i processi emotivi e quindi neurologici mentre tutte le tendenze della mente umana trovano gradualmente il loro posto armonioso nel complesso. Quindi la nostra energia creativa, invece di essere scaricata e persa, ha la possibilità di realizzarsi come catalizzatore per una trasformazione dello stato soggettivo interiore. Questo cambiamento può quindi essere espresso come atti pratici e costruttivi di ingegnosità e coscienziosità nel mondo esterno. Questo cambiamento interno crea un'esperienza unica, beata o piacevole, che è diversa dalla normale comprensione del "piacere" effimera o orientata materialmente verso l'esterno. È speciale in quanto si sperimenta il piacere attraverso il processo di maggiore consapevolezza di sé, diventando "più consapevoli dei pensieri e dei sentimenti concettualmente, ma meno emotivamente disturbati da questi". Possedendo gli strumenti per guidare la mente e crescere interiormente, non è più necessario temere i propri processi interiori né cercare di evitarli. La profonda soddisfazione così ottenuta dall'essere in grado di usare la mente per superare se stessa produce un nuovo tipo di sicurezza, libertà e gioia: felicità nel vero senso della parola, di una varietà che è resistente anche in mezzo a tristezza, lotta o dolore.

Esiste una varietà quasi infinita di modi diversi in cui il significato e il processo di Iishvara pran'idhána potrebbero essere descritti: nel linguaggio psicologico che descrive i cambiamenti cognitivi e percettivi che comporta; nella terminologia metafisica o filosofica; o nel linguaggio mistico-devozionale come viaggio di estasi, amore e unione con l'anima universale. Tutti questi modi sono ugualmente validi. Forse la migliore spiegazione, nel minor numero di parole possibile, sarebbe semplicemente dire che nel cuore della creazione c'è un grande mistero, la vita umana è un viaggio per penetrare l'essenza di quel mistero, e Iishvara pran'idhána è l'accettazione consapevole di questa verità e viaggio intangibili.

La mente umana ha bisogno di fondamenta su cui basare il proprio movimento, i propri pensieri e decisioni. Questa base funge da specchio su cui possiamo osservare noi stessi, e anche come catalizzatore di autoriflessione e crescita. Eppure quale base c'è che non ci limiterà ad un certo punto, che non rischia di cadere nella rigidità e nel dogma? La parola "ideologia" in generale ha connotazioni negative, implicando una visione del mondo fissa che offusca le capacità analitiche, imponendo sulla realtà conclusioni preconcette. Su che cosa dovremmo allora strutturare il nostro pensiero e i nostri valori? Rifiutare qualsiasi tipo di fondamento per il nostro orientamento mentale o soggettivo è anche una sorta di dogma che porta con sé il suo pericolo, dal momento che nuove credenze inconsce si creano inevitabilmente anche se neghiamo di possederle. Forse o solo forse, esiste una base su cui possiamo costruire senza paura: sull'idea della vita come processo di continua espansione mentale, sfidando i nostri limiti mentre tentiamo di penetrare sempre più in profondità nel mistero della creazione e del sé. Se le nostre idee scaturiscono da questo processo rimangono dinamiche e vitali, perfezionandosi sempre, ispirate dal punto tangenziale tra conosciuto e sconosciuto, finito e infinito.

Anandamurti, nel definire la parola "ideologia", propose esattamente questo: una ridefinizione del concetto stesso, basato sulla parola sanscrita "adarsha". Ha proposto l'ideologia come la concettualizzazione del "bháva", o "flusso ideazionale", attraverso il quale le vibrazioni della mente individuale sono raddrizzate per fondersi nell'infinito. L'esperienza e l'ispirazione di quel "bháva", quel flusso infinito, illimitato e incondizionato di coscienza, tradotto in pensiero e idea, diventa "ideologia". L'ideologia quindi, in questo senso spirituale-yogico, sta avendo come base mentale quel flusso di pensiero che espande sempre la mente oltre il suo limitato condizionamento fino a quando non si fonde in coscienza incondizionata. O riformulato in termini più pragmatici: la base della vita come processo di autorealizzazione interna espressa esternamente attraverso il servizio all'intero mondo creato. In questo modo, prendiamo come nostro orientamento ciò che continuamente spazza via i nostri limiti, idee sbagliate e preconcetti.

Ritorniamo così da dove siamo partiti: l'ispirazione di Iishvara pran'idhána, definita come l'atto di abbracciare il viaggio verso la comprensione del mistero della vita, funziona come la sottile fonte di ispirazione per tutto Yama-Niyama; e Yama-Niyama come fondamento etico per l'equilibrio mentale, l'espansione dell'empatia e dell'amore, e per una civiltà e cultura che crea lo spazio in cui la capacità e il potenziale umano possono esprimersi pienamente. Questo processo di espansione dell'amore continua a perfezionare la nostra etica, così come contemporaneamente i nostri principi etici perfezionano la nostra esperienza e comprensione dell'amore, e in questo modo procediamo fino all'apice più alto di noi stessi e diventiamo esseri umani pieni di gioia.

NOTE

INTRODUZIONE

1. "Quindi, sul vostro piano della moralità, ci sono due divisioni: emanazione psico-fisica e movimento fisico-psichico. In sanscrito, questa emanazione psico-fisica è chiamata Yama e il movimento fisico-psichico è chiamato Niyama". (Anandamurti, "Il Culto della Spiritualità", Subhasita Samgraha Parte 18)

2. Ad esempio, il "Sandilya Upanishad" elenca dieci Yama, i primi cinque dei quali sono identici a quelli nei Sutra di Patainjali. Sono conosciuti almeno 65 testi antichi che discutono di Yama e Niyama. (v. SV Bharti, 2001, pp. 680-691)

3. Ananda Marga è un'organizzazione socio-spirituale fondata nel 1955 da Shrii Shrii Anandamurti, combinando gli obiettivi "dell'autorealizzazione e del servizio all'umanità", per una spiritualità basata sulla pratica e la razionalità e una società che promuove lo sviluppo integrato fisico, mentale e spirituale dell'individuo e della collettività. Le idee filosofiche fondamentali di Ananda Marga si possono trovare nei libri "Ananda Sutram" e "Ananda Marga Elementary Philosophy".

4. "Nella filosofia occidentale l'osservanza dei principi etici è considerata lo scopo primario nella vita, ma la filosofia di Ananda Marga considera che l'osservanza etica è il gradino principale verso una vita più elevata. Niiti o il principio non è lo scopo della vita umana, piuttosto è un punto d'inizio del viaggio della vita." (Anandamurti, "Tattva Kaomudii Parte 2")

5. Il neoumanesimo è una visione del mondo caratterizzata dall'amore per il Supremo. Nei primi stadi dello sviluppo della devozione spirituale di un individuo, l'adozione dei principi neoumanisti - ossia abiurare tutti i pregiudizi nei confronti di altre razze, gruppi, religioni e creature meno

evolute - salvaguarderà e migliorerà lo sviluppo di questa devozione. E a un certo punto, a propria volta, una persona arriva a provare devozione per il Supremo, quella devozione o amore alla fine straripera su tutti gli oggetti creati dal Supremo. La persona riuscirà spontaneamente ad amare tutti gli esseri e gli oggetti così come ama il Supremo, libera da ogni discriminazione. La devozione espande quindi la propria visione del mondo, e più quest'ultima è espansiva, più si trova l'estasi e la pace della devozione". (Sarkar, "Neoumanesimo, Liberazione dell'Intelletto")

6. Towsey, 2011, p. 41

7. Towsey, 2011, p. 41

8. "La moralità è la base del Sádhaná (pratica spirituale). Bisogna, comunque, ricordare che la moralità o buona condotta non è il punto culminante del cammino spirituale. Come moralista, una persona può stabilire un ideale per altri moralisti, ma fare ciò è una cosa che non vale la pena menzionare per un Sádhaka (aspirante spirituale). Il Sádhaná, dal primo istante, richiede equilibrio mentale. Questa sorta di armonia mentale si può anche chiamare moralità". (Anandamurti, "Guida alla Condotta Umana")

9. "La moralità dipende dai propri sforzi per mantenere un equilibrio in rapporto a tempo, spazio e persona e quindi possono esserci differenze nel codice morale". (Anandamurti, "Guida alla Condotta Umana")

10. Rudolf, 2017

11. Anandamurti, "Ananda Sutram", sutra 2-14

12. "…l'individuo dovrebbe provare un'emozione fraterna e un attaccamento per il mondo esterno. Questo contatto sentimentale con il mondo esterno è un must. Se qualcuno ha l'impressione che "sto facendo sádhaná in nome della liberazione personale e non ho niente a che fare con il mondo", e quindi nega il proprio contatto con la fisicità esterna questa persona si sta ingannando da sola e si lascia abbandonare all'egoismo, nonostante il suo corpo si trovi assolutamente in questo mondo. Il servizio all'umanità con

una visione di servire Parama Puruśa e con lo stesso attaccamento che si prova verso se stessi e Parama Puruśa è un prerequisito essenziale per il progresso nel sádhaná. Questo stabilirà l'equilibrio e il parallelismo dei ritmi individuali con i ritmi delle corporalità esterne". (Anandamurti, "Mantra Caetanya", Subhasita Samgraha Parte 10)

13. "Sutra 3-10. Vádhá sá yuśamáná shaktih sevyam sthápayati lakśye". [Gli ostacoli sono le forze di aiuto che stabiliscono una persona nell'obiettivo.] Significato: Gli ostacoli in realtà non sono nemici sul sentiero del sádhaná [pratica spirituale], ma anzi degli amici. Fanno solo un servizio a una persona. È per via di questi ostacoli che la battaglia si scatena contro di loro, e questo contro-sforzo da solo porta il sádhaka [aspirante spirituale] al suo prezioso obiettivo". (Anandamurti, "Ananda Sutram")

14. "Il tantra trova o crea circostanze progettate espressamente, per fare uscire le proprie tendenze mentali problematiche, invece di internarle lontano". (Anandamurti, "Discorsi sul Tantra Parte 1")

15. Anandamurti, "Guida alla Condotta Umana"

16. Towsey, 2011, p. 41

17. "Sutra 2-5. Tasminnupalabdhe paramá trśńánivrttih. [Una volta che ciò (Brahma) è stato raggiunto, qualsiasi sete è saziata permanentemente.] Significato: È insita nell'essere vivente una sete di illimitatezza. Non è possibile per gli oggetti limitati soddisfare questa sete. Brahma è l'unica entità illimitata, e quindi stabilirsi nell'influenza di Brahma da solo mette fine a qualsiasi sete o brama". (Anandamurti, "Ananda Sutram")

18. Si veda, ad esempio, Zamyatin, "Noi", 1924

19. Si veda, ad esempio, Lem, "Il Congresso di Futurologia", 1974 e Huxley, "Il Mondo Nuovo", 1932

20. Anandamurti propone che il progresso umano abbia luogo attraverso "Scontro fisico, scontro psichico e attrazione verso il Grande". I primi due ci sono imposti dalla

pressione dovuta alle circostanze, e il terzo ha luogo attraverso la propulsione del nostro proprio desiderio positivo.

"Ho detto che per il progresso microcosmico sono indispensabili tre fattori - scontro fisico, scontro psichico e attrazione verso il Grande.

Ogni volta che si verifica uno scontro o un conflitto all'interno di qualsiasi struttura, che sia sottile o rudimentale, essa acquisisce complessità. Questo si applica sia allo scontro fisico, sia a quello psichico. Più la mente grezza diventa sottile a seguito dello scontro interno, più grande sarà il risveglio spirituale". (Anandamurti, "Subhasita Samgraha 7", discorso: "Attrazione Cosmica e Culto Spirituale")

21. Maturana, 2008, p. 221
22. Maturana, 2008, p. 138
23. Maturana, 2008, p. 223

<u>AHIMSA</u>

1. Anandamurti, "Guida alla Condotta Umana"
2. "Manovákkáyaeh sarvabhútá námapiidá namahim'sá" (Anandamurti, "Guida alla Condotta Umana") "Sarva" significa tutto e "bhútá" si riferisce al mondo creato, quindi "tutto il creato".
3. "Secondo questa interpretazione, Ahim'sá significa non-applicazione della forza. Possibilmente è questa interpretazione ad aver distorto maggiormente il significato di Ahim'sá. In tutte le azioni della vita, piccole o grandi che siano, l'unità mente progredisce superando le forze avverse. La vita si evolve attraverso il mezzo della forza". (Anandamurti, "Guida alla Condotta Umana")
4. "Quando c'è qualsiasi applicazione della forza, non si può chiamare non violenza. È non violenza se si ferisce una persona non con le proprie mani ma con qualche altro mezzo indiretto? Il movimento di boicottaggio contro una

particolare nazione è non violenza?" (Anandamurti, "Guida alla Condotta Umana")

5. "Alcune persone cosiddette istruite definiscono la parola Ahim'sá in modo tale che se vi si aderisce strettamente diventa impossibile vivere non solo nella società ma anche nelle foreste, sulle colline o nelle caverne". (Anandamurti, "Guida alla Condotta Umana")

6. Tagore, 1918, "Nazionalismo"

7. "Karma" è in questo contesto un termine filosoficamente scorretto ed è stato qui usato nella comune, per quanto incorretta, accezione della parola per esigenze di comprensione. "Karma" in realtà significa "azione" e "samskara" è il termine giusto per le reazioni alle proprie azioni.

8. Tagore, 1918, "Nazionalismo"

9. Tagore, 1916, "Sadhana"

10.. Menzionato da "Jordan Peterson vs Susan Blackmore: Do We Need God to Make Sense of Life?"

11. Vedasi Dostoyevsky, 1866, "Delitto e Castigo"

12. "Il metodo Shaiva è uno dei metodi di inclusione sempre più ampia di fenomeni erroneamente considerati al di fuori dell'assoluto. Il Vedanta, d'altro canto, cerca di comprendere la natura dell'assoluto escludendo (nisedha) tutto ciò che non è conforme al criterio di assoluto, finché tutto ciò che rimane è il Brahma non qualificato. L'approccio Shaiva è di affermazione e il Vedanta di negazione". (Dyczkowski, 1989, "La Dottrina della Vibrazione")

13. Per maggiori spiegazioni sulla mente conscia, subconscia e inconscia, si vedano il capitolo e le note di "Satya".

14. Nel sistema yogico, e anche nella medicina ayurvedica, il cibo si divide in tre categorie a seconda dei suoi effetti sulla percezione e sullo stato emotivo. Queste categorie prendono il nome di "sattvico" (senziente), "rajasico" (mutativo) e "tamasico" (statico). I cibi sattvici promuovono un'espansione della consapevolezza e della percezione

sottile, rajasico indica movimento e cambiamento e tamasico invece si riferisce a apatia, mancanza di concentrazione e limitata capacità percettiva. Il cibo senziente include la maggior parte dei cibi vegetariani e dei latticini. Dei cibi rajasici fanno parte tè, caffè e cioccolata. I cibi tamasici includono carne, pesce, uova, cipolla, aglio, funghi e alcool. (Si noti che i cibi rajasici e tamasici possono essere più o meno salutari per il corpo, ma si considerano definitivamente malsani per la mente). La pratica yogica raccomanda una dieta sattvica, con piccole quantità di cibi rajasici se lo si desidera. Per maggiori informazioni, si può consultare: Anandamurti, "Psicologia dello Yoga", capitolo "Cibo, Cellule e Sviluppo Mentale".

SATYA

1. "Satya implica giusta azione della mente e giusto uso delle parole con lo spirito di benessere". (Anandamurti, "Guida alla Condotta Umana")

2. "Nell'opinione delle scritture yogiche c'è una differenza ideologica tra rta e satya. Ciò che è dato di fatto, ciò che è successo o succede, è chiamato rta. E l'ideazione usata per il benessere delle persone è chiamata satya". (Sarkar, "Shabda Cayanika Parte 2", capitolo "Da Rka a Rksá")

3. Anandamurti, "Namah Shivaya Shantaya", capitolo "L'Insegnamento di Shiva - Parte 1"

4. "Gli umani sono esseri razionali: possiedono in varia misura la capacità di fare ciò che è necessario o buono per l'umanità. Nel campo della spiritualità, tale pensiero, parola o azione è stato definito come Satya". (Anandamurti, "Guida alla Condotta Umana")

5. Per esempi della teoria yogica della mente, si veda Towsey, "Eternal Dance of Macrocosm" (2011), o Sarkar, "Idea e Ideologia".

6. Si veda Towsey, 2011, pp. 75-78 e Sarkar, "Idea e Ideologia", capitolo "Kos'a"

7. "Questo loka nella mente umana è chiamato kámayama kośa o mente grezza, che controlla tutte le azioni del corpo. Questa sfera è quindi limitata a tutte le azioni connesse con il corpo". (Anandamurti, "Subhasita Samgraha Parte 1", capitolo "La Chiamata del Supremo") - "In sanscrito quelle entità fisiche con cui, diciamo, l'esistenza umane è coordinata da vicino si chiama "Káma". Non ce la si può fare senza queste cose - cibo, vestiti, istruzione, cure mediche. Queste cose sono essenziali per la vita umana. Si trovano alla portata di Káma, lo strato inferiore". (Anandamurti, "Ananda Vacanamrtam Parte 14", capitolo "Pinnacled Existence")

8. "Il manomaya kośa è più sottile del kámamaya kośa e ha la capacità del ricordo e della contemplazione (smarana e manana)". (Sarkar, "Idea e Ideologia", capitolo "Kos'a")

9. Si veda Towsey, 2011, p. 77

10. Questa descrizione è stata presa da note manoscritte delle parole delle spiegazioni di Anandamurti agli acarya di Ananda Marga.

11. Towsey, 2011, p. 76

12. Towsey, 2011, pp. 77-78

13. Tagore, 1916, pos. 214

14. In questo contesto, Shippey descrive Saruman come "la figura più contemporanea nella Terra di Mezzo". (Si veda Shippey, 2002, pp. 68-77)

15. Tolkien, 2000, pp. 276-277

16. "Tolkien è molto attento nel differenziare le scelte retoriche dei personaggi del Signore degli Anelli in modo tale che, in particolare nei casi di Gandalf e Saruman, la retorica è personaggio". (J. Rudd, "La Voce di Saruman")

17. "Per il progresso nel campo spirituale, non bisogna ignorare il regno psichico o la sfera esterna mondana. Ci si muoverà progressivamente nella sfera spirituale, e la rjutá [franchezza], sáhas [coraggio] e satyaniśthá [amore della verità] che crescono mano a mano che si progredisce nella sfera spirituale saranno utilizzate per il benessere mentale

del mondo intero". (Anandamurti, "Subhasita Samgraha Parte 24", capitolo "Incantation and Human Progress").
18. "Il lato pratico di Satya è dipendente dalla relatività, ma la sua finalità s trova in Parama Brahma. Questa è la ragione per cui ci si riferisce spesso a Brahma come l'"essenza di Satya". (Anandamurti, "Guida alla Condotta Umana")

<u>**ASTEYA**</u>
1. "Non prendere possesso di ciò che appartiene agli altri è Asteya. Significa non rubare". (Anandamurti, "Guida alla Condotta Umana")
2. Si veda Anandamurti, "Guida alla Condotta Umana", capitolo "Asteya".
3. Si veda Anandamurti, "Ananda Sutram", capitolo 5 e Sarkar, serie "Prout in a Nutshell".
4. Sarkar (Anandamurti) ha criticato sia il sistema capitalista della proprietà privata, sia il sistema comunista delle comuni, che descrive come qualcosa che va contro la psicologia umana di base. Entrambi sono puramente materialistici nella loro visione del mondo non considerata propizia a uno sviluppo umano e culturale più sottile. Al loro posto, ha proposto un modello cooperativo decentralizzato che riconosce la diversità e il merito individuale. Queste idee sono state delineate in una serie di libri intitolati "Prout in a Nutshell".

<u>**BRAHMACARYA**</u>
1. Dyczkowski, 1986, "La Dottrina della Vibrazione"
2. Dyczkowski, 1986, "La Dottrina della Vibrazione"
3. Si veda Singh, 2006, "Vijnánabhairava o Coscienza Divina"
"Nell'occasione di una tale grande gioia o esperienza intensa, una persona dovrebbe afferrare la fonte dell'esperienza, cioè, la pura vibrazione spirituale e meditare

su di essa finché la mente non ne è profondamente pervasa. Diventerà poi identificato con il principio spirituale". (verso 71, p. 68)
"… l'enfasi è sulla meditazione della fonte di gioia che è spirituale. Lasciando da parte i vari mezzi dei sensi, l'aspirante dovrebbe meditare su quella fontana di gioia che cola in gocce in tutte le gioie della vita". (verso 73, p. 69)
4. "L'inizio, il centro e la fine del dharma sádhaná è il precipitarsi verso di Lui, canalizzare tutte le propensioni positive e negative della mente verso di Lui. Gli aspiranti spirituali non distruggeranno i sei ripu (nemmeno káma o la brama fisica) ma li utilizzeranno a proprio beneficio. Quando sono utilizzati come sostegni al progresso spirituale, non produrranno ulteriore danno. I cosiddetti jináni potrebbero combattere la propensione verso krodha (rabbia), ma i devoti la utilizzeranno per combattere la staticità. Manderanno in frantumi la grettezza e la piccolezza della mente attraverso la forza fisica e una tempra eccezionale… In questo modo gli aspiranti spirituali tengono la propria visione fissa su Brahma". (Anandamurti, "Subhasita Samgraha Parte 7, capitolo "La Posizione Macrocosmica e la Vita Umana".)
5. Ad esempio:
La "Sandilya Upanishad" (capitolo 1) definisce Brahmacarya come "astenersi dai rapporti sessuali in tutti i luoghi e in tutti gli stati della mente, della parola e del corpo".
Le traduzioni popolari delle "Yoga Sutra" di Patainjali usano anche la seguente definizione:
"Brahmacharya pratishtayam viaryalabhaha" (II Sutra 38)
Brahmacharya = celibato, Pratishtayam = stabilito, Viarya = vigore, "Labhaha" = guadagnato
"Allo stabilirsi nel celibato, il vigore è guadagnato".
("The Art of Living", https://www.artofliving.org/uy-es/yoga/patanjali-yogasutra/knowledge-sheet-70)
6. "Ai vecchi tempi era accettato solo l'effettivo significato di Brahmacarya. In seguito, quando la società era dominata

dall'intellighenzia, i cosiddetti monaci, che avevano portato al completo sfruttamento, pensavano che se ai cittadini ordinari fosse stato permesso di intraprendere delle pratiche spirituali, i monaci avrebbero potuto perdere in qualsiasi momento il meccanismo dello sfruttamento a cui erano molto legati. Se le persone comuni sono ispirate da ideali spirituali, la loro razionalità continuerà a crescere. I monaci si resero quindi conto che bisognava tenere la gente impotente e menomata. Bisognava infondere nelle persone paura e complessi di inferiorità per poterle sfruttare. Trovarono che una tale massa sfruttata era composta principalmente da persone ordinarie e terrene, la maggior parte delle quali erano sposate. Se, quindi, la perdita del seme fosse stata in qualche modo dichiarata anti-religiosa, i monaci sarebbero stati in grado di soddisfare i propri scopi senza difficoltà... Le persone ordinarie terrene iniziarono a pensare che, conducendo una vita di matrimonio, avessero commesso un grave errore, un peccato atroce: si erano abbandonati ad attività contrarie a Brahmacarya". (Anandamurti, "Guida alla Condotta Umana")

7. Anandamurti, "Guida alla Condotta Umana"

8. Shrii Shrii Anandamurti, il fondatore dell'organizzazione socio-spirituale, ha creato un sistema di "acarya" o insegnanti celibi che dedicano le loro vite al servizio sociale e all'insegnamento di pratiche spirituali e filosofia. Il sistema comporta certe regole di vita riguardanti il cibo, le pratiche yoga, le attitudini mentali, ecc. che supportino questa pratica fisicamente e psicologicamente. Gli scopi centrali della pratica sono la libertà e la flessibilità che facilitano la dedizione verso il proprio ideale e la società in generale. Lo stesso può essere usato come linea guida per coloro che non sono acarya ma che, per qualche altra ragione, decidono di condurre una vita di celibato.

9. Nel sistema sociale e spirituale di Ananda Marga, il matrimonio e la vita familiare sono considerati altamente rispettabili e benefici per il progresso spirituale. All'interno

di questo sistema, i rapporti sessuali sono consigliati non più di quattro volte al mese, frequenza ideale per creare un equilibrio tra gli aspetti fisici, mentali e spirituali della vita. Anche le linee guida yogiche riguardanti il cibo, le asana (posizioni yoga), ecc. sono consigliate per aiutare a incorporare gli impulsi sessuali nella personalità in maniera equilibrata. Gli acarya e la vita in famiglia sono semplicemente approcci differenti che dipendono dalla disposizione della persona. Lo scopo delle pratiche yogiche relative al cibo, ai digiuni, ecc. è che la mente dovrebbe rimanere concentrata e calma in accordo con lo stile di vita scelto e non lo sviluppo di poteri speciali, ecc.

10. Con riferimento alla prima lezione della meditazione di Ananda Marga, che utilizza l'ideazione che "Io sono Brahma", e alla seconda lezione, che è una tecnica per la pratica consapevole di Brahmacarya, usando l'ideazione che "ogni cosa è un'espressione di Brahma".

11. Tagore, 1916, pos. 732

12. Tagore, 1916, pos. 782

13. Sepehri, 2013, p. 59 (Poesia "Siamo l'Ombreggiato Pergolato della Nostra Tranquillità")

14. "… Non si può efficacemente lasciarsi andare alla soppressione o alla repressione di un certo Bháva a lungo, alla fine prende il sopravvento su di te, perché più si tenta di sopprimerlo, maggiore diventa la forza con cui rimbalza. Se nella tua mente entrano idee grezze, tu non sei grezzo o cattivo - è naturale che queste idee vengano. Ma la loro soppressione o repressione mentale o fisica non è proficua per i Sádhaka. Invece l'approccio corretto e psicologico a Máyá è canalizzarlo nella direzione dell'Assoluto… Parlando relativamente, l'assenza di dolore o piacere - che è chiamata Nirapekśavedaniiyam - è in effetti soppressione o repressione fisica. Questo è uno stato innaturale della mente e che duri cinque o dieci minuti, cinque o dieci giorni o anche un periodo di anni, quando il controllo è rimosso, esso scatta in avanti nella forma di Anukulavedaniiyan o

Pratikulavedaniiyam. La soppressione o la repressione fisica, quindi, non porta al progresso". (Sarkar, "Alcuni Problemi Risolti Parte 6", capitolo "La Ricerca Umana del Progresso") E, in maniera simile: "Quando l'"io" che agisce dell'aspirante è stimolato verso l'Entità Suprema, usa l'energia vitale... passando attraverso diversi piani di interferenze e attraverso diverse propensioni della mente umana, senza sopprimere quelle propensioni della mente. La questione della soppressione, repressione e oppressione non si pone nell'ambito del culto spirituale. Si deve semplicemente mantenere equilibrio e contrappeso - ossia, ci si deve muovere mantenendo il giusto parallelismo con le propensioni fondamentali della mente umana". (Anandamurti, "Subhasita Samgraha Parte 18", capitolo "Culto, Inferenza e Propensione")

<u>APARIGRAHA</u>
1. "La non indulgenza nel godimento di amenità e comodità tali da essere superflue per la preservazione della vita è Aparigraha". (Anandamurti, "Guida alla Condotta Umana")
2. Tagore, 1916, pos. 717
3. Tagore, 1916, pos. 717
4. Tagore, 1916, pos. 1274
5. "Si intende comunemente che Vaerágya significhi ritirarsi dal mondo e condurre una vita di severa autonegazione praticando un'eccessiva austerità. Vaerágya non significa questo. Non rende una persona un eremita. Significa solo provare a comprendere il giusto uso delle cose e utilizzarle correttamente (naturalmente senza lavorare sotto il controllo dei soli oggetti grezzi della mente)". (Anandamurti, "Ananda Marga: "Filosofia di base", capitolo "Come gli Esseri Umani Dovrebbero Vivere in questo Mondo")
6. Anandamurti, "Ananda Marga: "Filosofia di base", capitolo "Come gli Esseri Umani Dovrebbero Vivere in questo Mondo"

7. Anandamurti, "Ananda Marga: "Filosofia di base", capitolo "Come gli Esseri Umani Dovrebbero Vivere in questo Mondo"
8. Sarkar, "Economia del PROUT", capitolo "Economia Quadrimensionale"
9. Il PROUT (Progressive Utilization Theory, Teoria dell'Utilizzazione Progressiva), come proposto da P.R. Sarkar, è un esempio di approccio del tipo proposto. Maggiori dettagli si possono trovare nei libri "Economia del PROUT" (Sarkar) e nel capitolo 5 o "Ananda Sutram" (Anandamurti)

SHAOCA

1. "Il primo aspetto di Niyama Sádhaná è Shaoca. Significa "purezza" o "pulizia". Può essere suddivisa in due parti, una relativa alla sfera esterna, ossia la pulizia esterna, e l'altro relativo alla sfera mentale, ossia la pulizia mentale". (Anandamurti, "Guida alla Condotta Umana")
2. Sebbene questo concetto sia popolarmente conosciuto come "karma", il termine filosofico corretto è "samskara". "Karma" significa letteralmente "azione", mentre "samskara" significa "reazione in potenziale".
"Manovikrtih vipákápekśitá samskárah"
["Una distorsione delle cose della mente che attende l'espressione (ossia una reazione in potenziale) è conosciuta come samskára"]
(Anandamurti, "Ananda Sutram", capitolo 3, sutra 4)
3. "Virtuosa o non virtuosa, qualunque sia l'azione, genera una sorte di distorsione mentale. La mente, comunque, riacquista il suo normale controllo attraverso vipáka, dopo aver subito le conseguenze delle proprie azioni buone o cattive. Dove l'azione ha avuto luogo, ma le sue conseguenze non si sono verificate o soddisfatte, ciò vuol dire che il vipáka è stato tenuto in sospeso, questo vipáka sospeso o rinviato è chiamato samskára [reazione nel suo

potenziale]". (Anandamurti, "Ananda Sutram", capitolo 3, sutra 4)

4. "Quando le persone, guidate dagli istinti, dirigono ciecamente le loro menti verso gli oggetti del piacere senza usufruire dell'aiuto della propria coscienza - o quando la mente alla fine diventa grezza venendo costantemente pungolata da motivi egoistici - la loro mente diventa distorta, sia che si pensi o meno di fare del male agli altri. I complessi attraverso i quali questa distorsione avviene sono lo sporco della mente". (Anandamurti, "Guida alla Condotta Umana")

5. "La relazione tra il corpo fisico e la mente è molto stretta. L'espressione mentale è condotta attraverso i vrtti e la predominanza dei vrtti dipende dalle diverse ghiandole del corpo. Ci sono molte ghiandole nel corpo e da ognuna di esse scaturisce la secrezione di un particolare ormone. Se è presente un qualsiasi difetto nella secrezione degli ormoni o qualsiasi difetto in una ghiandola, certi vrtti si eccitano. Per questo motivo, troviamo che invece di avere un sincero desiderio di seguire il codice morale, molte persone non riescono a farlo; capiscono che dovrebbero fare meditazione, ma non riescono a concentrare le loro menti perché le loro menti diventano estroverse a causa dell'eccitazione esterna di questa o quella propensione. Se una persona vuole controllare l'eccitazione di queste propensioni, dovrebbe correggere i difetti delle ghiandole. Le ásana aiutano ampiamente il sádhaka in questo compito, quindi le ásana sono una parte importante del sádhaná". (Anandamurti, "Ananda Marga Caryacarya Parte 3", capitolo "Asana")

6. Si vedano, per esempio, "i 16 punti" come presentati nel libro "Caryacarya Parte 2" (Anandamurti)

7. Per una lista dei "vrtti" o delle tendenze associate con ogni cara, si veda Anandamurti "Psicologia dello Yoga", discorso "Plessi e Microvita"

8. Come spiegato nelle note su Ahim'sá

9. Si veda Huxley, "Il Mondo Nuovo"

10. Anandamurti, "Suhasita Samgraha Parte 10", capitolo "Prendere la Parte Opposta nella Battaglia"
11. Anandamurti, "Caryacarya Parte 2"

<u>SANTOS'A</u>

1. "Tos'a significa uno stato di agio mentale. Santos'a quindi significa uno stato di giusto agio". (Anandamurti, "Guida alla Condotta Umana")
2. Si veda Anandamurti, "Ananda Sutram", capitolo 2, sutra 1: *"Anukúlavedaniiyam sukham.* [Una sensazione piacevole della mente è chiamata felicità] Significato: Se le onde mentali di qualcuno i cui samskára si trovano ad avere una forma quieta e trovano onde simili che emanano o da qualsiasi oggetto grezzo o da qualsiasi altra entità mentale, allora quelle onde, nel caso di quella persona, si dicono complementari e reciproche. Il contatto di queste onde mutualmente favorevoli è ciò che si chiama felicità".
- I sutra 3 e 4: *"Sukhamanantamánandam.* [La felicità infinita è ánanda (beatitudine)]. Significato: Nessun essere vivente si accontenta con poco, per non parlare degli esseri umani. E quindi, la felicità piccola non è l'ideale per nessuno. Ognuno vuole una felicità senza fine. Questa felicità senza fine è una condizione che va oltre i confini delle gioie e dei dolori, perché il senso di felicità percepibile con l'aiuto dei sensi oltrepassa i limiti degli organi sensoriali quando (il senso di felicità) è stabilito nell'illimitatezza. Questa felicità senza limiti è ciò che è conosciuto come ánanda [beatitudine]. *Ánandam Brahma ityáhuh.* [Quest'ánanda è chiamata Brahma].
-Si veda inoltre Anandamurti, "Subhasita Samgraha 24", discorso "Bhakti, Mukti e Parama Purusa": "Quando una persona entra in contatto con un altro oggetto e dopo essere venuto a contatto con quell'oggetto una compassionevole vibrazione psichica si è creata, e quella compassionevole vibrazione psichica mantiene un parallelismo con la vibrazione fisica di quell'oggetto, allora diciamo che è

duhkham [dolore, pena]… E quando la lunghezza d'onda di sukha, la lunghezza d'onda della vibrazione compassionevole, diventa quasi infinita, ossia, diventa dritta proprio come una linea retta, allora è sukham anantam [felicità senza fine]. È ánandam".
3. Anandamurti, "Tattva Kaomudii Parte 2"
4. "Come risultato dell'analisi rivolta verso l'esterno, gli oggetti del piacere vanno aumentando sia in numero che in astrazione e questa è la ragione per cui il flusso mentale non conosce riposo. In tali circostanze, come può una persona raggiungere la perfetta pace mentale?" (Anandamurti, "Guida alla Condotta Umana")
5. "*Mon*, dal sanscrito *Manas*; in lingua Bengali colloquiale comprende sia il cuore che la mente; al Bául rappresenta se stesso, simbolizzando cuore e mente, spirito e materia". (Bhattacarya, D. 1999)
"Negli esseri umani il jiivátmá è decisamente molto più sviluppato che in ogni altra creatura, perché la mente è molto più sviluppata che in qualsiasi altra creatura. Questo è il motivo per cui gli esseri umani sono chiamati "manúsya" o "mánava". "Mana" + "u" + "sna" = "mánava", l'entità dove domina la mente, e non la materia". (Anandamurti, "Ananda Vacanamrtam 3", discorso "Sadgurum Tam Namami")
6. "Gli esseri umani sono chiamati mánuśya o mánuśa, ecc. Sono chiamati usando termini in cui la parola mana [mente] figura nell'una o nell'altra forma, poiché l'umano è una creatura mana-pradhána [dominata dalla mente]. Sono esseri nei quali la mente e il pensiero sono le forze in movimento predominanti, e nei quali l'istinto non svolge il ruolo che gioca negli altri animali". (Anandamurti, "Ananda Vacanamrtam 7", discorso "The Mana-Pradhana Creature")
7. "Santos'a Sádhaná non implica che ci si debba concedere di venire sfruttati o oppressi da qualcuno che trae vantaggio dalla vostra semplicità e che lo si debba tollerare in silenzio. Non è in alcun modo giusto per te rinunciare al vostro diritto all'autoconservazione o ai vostri legittimi diritti nella vita.

Bisogna continuare a combattere con uno sforzo congiunto per l'instaurazione dei propri diritti. Ma non dovete mai violare il principio di Santos'a sprecando la vostra energia fisica e mentale sotto il dominio di un'eccessiva avidità". (Anandamurti, "Guida alla Condotta Umana")

TAPAH

1. "Tapah significa sforzi per raggiungere l'obiettivo sebbene questi sforzi siano associati a malesseri fisici". (Anandamurti, "Idea e Ideologia", capitolo "Il posto dei sadvipra nel samaja cakra")
2. Anandamurti, "Guida alla Condotta Umana"
3. https://en.wikitionary.org/wiki/sacrifice
4. "C'è un'altra peculiarità in Tapah. Quando le attività degli esseri umani non sono guidate dalla discriminazione, sono stimolate dall'istinto. Tapah guidata dalla discriminazione cambia il corso delle azioni e conduce le persone all'emancipazione. Naturalmente, anche la devozione dà origine alla discriminazione ma tale devozione non può essere suscitata in coloro che non hanno avuto esperienza della beatitudine Cosmica". (Anandamurti, "Guida alla Condotta Umana")
5. Anandamurti, "Guida alla Condotta Umana"
6. Tagore, 1918, pos. 39
7. "Non è solamente una battaglia interna o esterna, è entrambe allo stesso tempo. La battaglia interna è una pratica della porzione più sottile del Tantra. La battaglia esterna è una battaglia della porzione più grezza del Tantra. E la battaglia sia esterna, sia interna è una battaglia in entrambe le direzioni allo stesso tempo. Quindi la pratica in ciascuno e in tutti gli strati della vita riceve il dovuto riconoscimento nel Tantra. … La pratica per innalzare la kulakundalinii è il sádhaná interno del Tantra, mentre frantumare le schiavitù dell'odio, del sospetto, della paura, della timidezza, ecc. attraverso l'azione diretta costituisce il sádhaná esterno".

(Anandamurti, "Discorsi sul Tantra Volume 2", capitolo "Il Tantra e il suo Effetto sulla Società")

"… tutti i Tantrici sono condotti faccia a faccia con le proprie debolezze in un modo o nell'altro. Un guru Tantrico assegna ai propri discepoli enormi responsabilità per il cambiamento sociale. La partecipazione dei discepoli in un movimento attivista che miri a una società giusta e basata sulla spiritualità li costringe a far fronte talvolta alla paura fisica, ma più sistematicamente alla paura di censura sociale e alla paura del compito schiacciante di fronte a loro. Il complesso di inferiorità è la paura più debilitante che la maggior parte di noi imparano a superare nelle proprie vite". (Anandamurti, "Discorsi sul Tantra Volume 2", "Note dell'Editore")

8. Per un resoconto completo degli eventi relativi a questo esempio, si veda:

www.anandamarga.net/archive/rudreshvarananda.htm

SVÁDHYÁYA

1. "Svadhyaya significa non solo leggere o ascoltare un argomento, ma comprendere il suo significato, l'idea sottostante". (Anandamurti, Guida alla Condotta Umana)

2. Anandamurti, "Ananda Vacanamrtam 22", discorso "Pará e Apará Knowledge"

3. Ciò che Ananamurti ha definito come "approccio soggettivo e aggiustamento oggettivo", necessario per l'equilibrio nella vita spirituale e pratica. (si veda Anandamurti, "Subhasita Samgraha 13", discorso "Approccio Soggettivo e Aggiustamento Oggettivo")

4. Peterson, J. Citazione riportata dall'intervista "Sir Roger Scruton / Dr Jordan B. Peterson: Apprehending the Transcendent"

5. "Secondo l'opinione comune, la psicologia è una parte della scienza generale e non dovrebbe quindi essere inclusa come una parte della filosofia. Quindi la psicologia è stata accettata come una branca della scienza nel mondo

occidentale... La psicologia dello Yoga, sebbene sia una parte della filosofia, è anche una scienza, ma non è ristretta al paradigma materialistico che caratterizza la filosofia e la psicologia occidentali. È attraverso la scienza che gli aspiranti spirituali possono acquisire la conoscenza e il controllo di sé nella loro ricerca dell'autorealizzazione. La conoscenza della psicologia dello yoga è essenziale per le pratiche spirituali; senza questa conoscenza, gli aspiranti non raggiungeranno il successo nei loro sforzi spirituali". (Anandamurti, "Psicologia dello Yoga", capitolo "Nota dell'Editore")

6. Ad esempio, nelle canzoni delle tradizioni Baul, Sufi o di altre tradizioni mistico-devozionali, nelle canzoni di Tagore, o le composizioni di Prabhat Samgiita di Anandamurti. (si veda A. Tapasiddha, 2019)

7. Uno dei primi e più conosciuti esempi sarebbe il "Il Tao della Fisica" di F. Capra. Altri riferimenti simili includono i lavori di R. Sheldrake, "L'Eterna Danza del Macrocosmo" di M. Towsey, o "Microvita: Esplorando una Nuova Scienza della Realtà" e "Da Ossimori Immaginari a Polarità Ideali e Ritorno" di H.J. Rudolph, che cercano di spiegare il movimento dalla consapevolezza alla materia e dall'idea alla realtà all'interno della struttura della matematica.

8. "Questi versi sono in linguaggio crepuscolare. Sulla superficie c'è un significato e sotto un altro. Il significato superficiale è: "Il cortile è andato nella stanza interna - O onorevole signora, capisci? Come risultato del cortile che entrava nella stanza, anche il ladro che si nascondeva nel cortile entrò e ti rubò gli orecchini". Il significato nascosto è: "Raggiungendo gli stadi più alti della pratica spirituale, il mondo esteriore è inghiottito dentro di te. Diventi quindi anche tu onnisciente. Quel ladro di menti si è rubato le tue schiavitù terrene". A livello pratico, ciò che succede è che la mente inconscia è onnipresente, completa e incommensurabilmente vasta. Attraverso le pratiche spirituali, la ricchezza della mente inconscia scende fino

all'interno della mente subconscia. L'aspirante spirituale a quel punto capisce ogni cosa; scopre i segni segreti della conoscenza. Poi, a seconda dei suoi bisogni, è in grado di portare questa ricchezza acquisita dalla mente subconscia alla mente conscia e utilizzarla nel mondo esterno". (Anandamurti, "Shabda Cayaniká Parte 2", discorso: "Da Indukamala a Iyatta")

IISHVARA PRAN'IDHÁNA

1. "Possono esserci molteplici interpretazioni del termine "Iishvara". Tuttavia, comunemente significa "il regolatore di questo universo". Colui che controlla le onde di pensiero di questo universo è Iishvara. Quindi, "Puruśottama" e "Iishvara" non sono delle concezioni identiche. In filosofia, la parola "Iishvara" ha un ulteriore significato - è la controparte testimone del Prakrti oggettivo dove il principio statico è dominante. È l'entità testimone del mondo causale, è la magnificata essenza di prájina, è un'entità libera da tutte le schiavitù... ...Qualsiasi minima differenza possa esserci, per un sádhaka, Iishvara è intesa come nient'altro che Saguna Brahma o Dio". (Anandamurti, "Guida alla Condotta Umana")

2. "Pranidhana significa capire chiaramente o adottare qualcosa come un rifugio". (Anandamurti, "Guida alla Condotta Umana")

3. "Quindi Iishvara pranidhána significa lasciare scorrere l'intera energia psichica verso Iishvara come oggetto di ideazione Suprema. (Anandamurti, "Tattva Kaomudii Parte 3")

4. "Samyoga yoga ityukto jiivátmá Paramátmanah" - "Quando la coscienza unitaria si fonde pienamente e si identifica completamente con la Coscienza Suprema, Shiva, ciò è chiamato yoga". (Anandamurti, "Subhasita Samgraha Parte 14", discorso "Yoga, Tantra e Kevala Bhakti")

5. Anandamurti, "Subhasita Samgraha Parte 1", discorso "Yajina e Karmaphala"

6.   Questo processo è conosciuto come "diiksa" o iniziazione: "Impartire la giusta formazione spirituale produce un risveglio spirituale nella mente umana, portando gli aspiranti spirituali a cercare quel sentiero che porta al raggiungimento del loro iśta o obiettivo spirituale. Un insegnante spirituale competente impartirà quindi la guida pratica a questi aspiranti. Quella direzione spirituale è chiamata tántrikii diikśá. Tan jádyáta tárayeh yastu sah tantrah parikiirthita. Il processo pratico che porta alla libertà dall'ottusità è chiamato Tantra. Il processo di iniziazione secondo la scienza del tántra è chiamato tantrik diikśá". (Anandamurti, "Tattva Kaomudii Parte 2")

7.   Nell'Ananda Marga, una pratica introduttiva della meditazione può essere fatta utilizzando il mantra kiirtan (mantra usato per i canti spirituali) fino a quando non si prende un'iniziazione formale in cui viene fornito un mantra personale. Questo mantra introduttivo è "Baba Nam Kevalam" e significa "solo il pensiero della coscienza infinita, divina" o "tutto è un'espressione di quella coscienza divina". Può essere ripetuto mentalmente al ritmo della respirazione sedendo a gambe incrociate con i palmi delle mani assieme sopra al grembo e gli occhi chiusi. Gli acarya di Ananda Marga possono fornire ulteriori indicazioni.

8.   "L'affermata profondità della meditazione corrisponde anche all'attività dei centri del piacere nel cervello, come il fascicolo prosencefalico sinistro, la corteccia insulare anteriore e la circonvoluzione precentrale. Questo manifesto piacere è accompagnato da un cambiamento dell'auto-regolazione emotiva; i meditatori sono più consapevoli dei pensieri e delle sensazioni a livello concettuale, ma meno scompaginati emotivamente da esse, secondo uno studio dell'Affect and Cognition Laboratory di Toronto. Entrambi gli emisferi sono coinvolti nell'auto-osservazione". (Webb, N. "The Neurobiology of Bliss - Sacred and Profane")

9.   "Alla fine, quando la sua lunghezza d'onda diventerà, anch'essa, infinita e anche quelle onde scorreranno in una

linea retta, la mente si sarà trasformata nell'átman. Questo stato è chiamato samádhi. Qui le onde psichiche hanno raggiunto un parallelismo con le onde spirituali dell'átman. Questo parallelismo psico-spirituale è conosciuto come "idea", o bháva. Quando questo bháva o idea è concepito sul livello psichico, è "ideologia". Ideologia, quindi, è la concezione dell'idea e nient'altro. Quindi, quando chiamiamo "ideologia" qualche principio materialistico o politico di una persona, partito, nazione o federazione, facciamo un uso sbagliato del termine. "Ideologia" implica in sé un senso spirituale; è un'ispirazione che ha un parallelismo con l'Entità Spirituale". (Anandamurti, "Idea e Ideologia", capitolo "Parallelismo Psico-Spirituale")

<u>BIBLIOGRAFIA</u>

-Aiyar, K.N. 1914. *'Thirty Minor Upanishads.'* Kessinger Publishing.
-Anandamurti, 2006. *'Ananda Marga: Elementary Philosophy.'* Electronic edition 7, Ananda Marga Pracaraka Samgha.
-Anandamurti. 2006. *'Ananda Sutram.'* Electronic edition 7, Ananda Marga Pracaraka Samgha.
-Anandamurti. 2006. *'Ananda Vacanamrtam Parts 3, 7, 14, 33.'* Electronic edition 7, Ananda Marga Pracaraka Samgha.
-Anandamurti. 2006. *'A Guide to Human Conduct.'* Electronic edition 7, Ananda Marga Pracaraka Samgha.
-Anandamurti. 2006. *'Caryacarya Parts 2 & 3.'* Electronic edition 7, Ananda Marga Pracaraka Samgha.
-Anandamurti. 2006. *'Discourses on Tantra Volume 2.'* Electronic edition 7, Ananda Marga Pracaraka Samgha.
-Anandamurti. 2006. *'Subhasita Samgraha Parts 1, 2, 7, 10, 13, 14, 18, 24.'* Electronic edition 7, Ananda Marga Pracaraka Samgha.
-Anandamurti. 2006. *'Tattva Kaomudii Part 2.'* Electronic edition 7, Ananda Marga Pracaraka Samgha.
-Anandamurti. 2006. *'Yoga Psychology.'* Electronic edition 7, Ananda Marga Pracaraka Samgha.
-Bharti. S.V. 2001. *'Yoga Sutras of Patanjali: With the Exposition of Vyasa.'* Delhi, Motilal Banarsidas.
-Bhattacharya, D. 1999. *'The Mirror of the Sky.'* Arizona, Hohm Press.
-Capra, F. 1981. *'The Tao of Physics.'* Suffolk, The Chaucer Press.
-Dostoyevsky, M. 1866. *'Crime and Punishment.'*

Ebook, A-Z Classics.

-Dyczkowski, M. 1989. *'The Doctrine of Vibration.'* Delhi, Motilal Banarsidass.

-Huxley, A. 2002. *'Brave New World.'* Ebook, Project Gutenberg.

-*'Jordan Peterson vs Susan Blackmore: Do we need God to make sense of life?'* 2018. The Big Conversation from Unbelievable. (Youtube: https://www.youtube.com/watch?v=syP-OtdCIho)

-Lem, S. 1974. *'The Futurological Congress.'* Ebook. New York, The Continuum Publishing Corporation.

-Maturana, H. & Verden-Zoller, G. 2008. *'The origin of Humanness in the Biology of Love.'* Ebook. Exeter, Imprint Academic.

-Rudd, J. *'The Voice of Saruman: Wizards and Rhetoric in the Two Towers.'* (https://www.questia.com/library/journal/1G1-227196963/the-voice-of-saruman-wizards-and-rhetoric-in-the)

-Rudolf, H.J. 2011. *'From Imaginary Oxymora to Real Polarities and Return.'* Bloomington, Authorhouse.

-Rudolf, H. J. 2017. *'Microvita: Exploring a New Science of Reality.'* Bloomington, Authorhouse.

-*'Roger Scruton/Dr. Jordan B. Peterson: Apprehending the Transcendent.'* 2018, Cambridge. Presented by The Cambridge Centre for the Study of Platonism and Ralston College. (Youtube: https://www.youtube.com/watch?v=XvbtKAYdcZY)

-Rudreshvarananda. *'Uplifting Human Dignity in West Africa.'* (www.anandamarga.net/archive/rudreshvarananda.htm)

-*'Sacrifice.'* (https://en.wiktionary.org/wiki/sacrifice)

-Sarkar, P.R. 2006. '*A Few Problems Solved.*' Electronic edition 7, Ananda Marga Pracaraka Samgha.

-Sarkar, P. R. 2006. '*Idea and Ideology.*' Electronic edition 7, Ananda Marga Pracaraka Samgha.

-Sarkar, P. R. 2006. '*Neohumanism: The Liberation of Intellect.*' Electronic edition 7, Ananda Marga Pracaraka Samgha.

-Sarkar, P.R. 2006. '*Proutist Economics.*' Electronic edition 7, Ananda Marga Pracaraka Samgha.

-Sarkar, P.R. 2006. '*Shabda Cayanika Part 2.*' Electronic edition 7, Ananda Marga Pracaraka Samgha.

-Sepehri, S. 2013. '*A Selection of Poems from the Eight Books.*' Bloomington, Balboa Press.

-Shippey, T. 2010. '*JRR Tolkien: Author of the Century.*' London, Harper Collins.

-Singh, J. 2006. '*Vijnánabhairava or Divine Consciousness.*' Delhi, Motilal Banarsidass.

-Tagore, R. 1918. '*Nationalism.*' Ebook. London, Macmillan and Co.

-Tagore, R. 1916. '*Sadhana: The Realization of Life.*' Ebook, Project Gutenberg.

-Tolkien, J.R.R. 2000. '*The Letters of JRR Tolkien.*' London, Harper Collins.

-Tapasiddha, A. 2019. '*Ink of the Heart.*' Independently Published.

-Towsey, M. 2011. '*Eternal Dance of Macrocosm, Volume 2.*' Queensland, Proutist Universal.

-'*True Meaning of Brahmacarya.*' Art of Living. The Art of Living,' (https://www.artofliving.org/uy-es/yoga/patanjali-yogasutra/knowledge-sheet-70)

-Webb, N. 2011. '*The Neurobiology of Bliss--Sacred and Profane.*'Scientific American. (https://www.scientificamerican.com/article/the-neurobiology-of-bliss-sacred-and-profane/?

redirect=1)

-Zamyatin, Y. 2013. *'We.'* Ebook. Sydney, Pan Macmillan.